Eingeübte

Dankbarkeit

wirkt lebensverändernd –

GARANTIERT!

Dieter Jenz

Dieter Jenz

Herzenswärme – Dankbarkeit

Aus der Mitte leben

Butzon & Bercker

Inhalt

8 Einleitung

11 Herzenswärme gründet in Dankbarkeit

23 Seid dankbar in allen Dingen

33 Die Herzenswärme steigern

43 Herzenswärme ist Selbstfürsorge

55 Herzenswärme wirkt auf Mitmenschen

67 Dankbarkeit braucht Nahrung

79 Strahlkraft gewinnen

93 Die „Herzenstemperatur" regulieren

103 Individuelle Methoden in Rituale einbinden

115 Den Tag begrüßen und verabschieden

128 Was mir wichtig ist

139 Quellennachweise

Dankbarkeit

macht das LEBEN

erst reich.

Dietrich Bonhoeffer

Einleitung

Dankbarkeit ist für mich mit einer Person verbunden: mit meinem Großvater mütterlicherseits. Erst Jahre nach dem Ende des Zweiten Weltkriegs kehrte er aus der Kriegsgefangenschaft zurück. Seine Familie, die das Sudetenland hatte verlassen müssen, fand der mittlerweile schon etwa Sechzigjährige in Baden-Württemberg wieder, so gut wie mittellos.

Aufgrund einer Kriegsverletzung war er schwer gehbehindert und konnte nicht mehr in seinem Beruf als Schreiner arbeiten. So lebten meine Großeltern auf dem alten Bauernhof, in dem sie untergekommen waren, in sehr bescheidenen Verhältnissen und gaben sich mit dem Nötigsten zufrieden. Ich kann mich nicht daran erinnern, dass ich meinen Großvater jemals hätte klagen hören - er strahlte einfach Herzenswärme aus, und ich fühlte mich in seiner Gegenwart geborgen. Noch Jahrzehnte nach seinem Tod denke ich oft voller Dankbarkeit an ihn. Und an seinen beiläufigen Anschauungsunterricht in Sachen Dankbarkeit.

Wie mein Großvater mussten und müssen unzählige Menschen aus den unterschiedlichsten Gründen ein leidvolles Schicksal ertragen.

Manche Menschen sind angesichts der nicht gelebten Lebensentwürfe und harter Schicksalsschläge traurig, gelähmt, depressiv, verbittert. Woran liegt es, dass andere sich - wie mein Opa - in ihrer Lebenssituation zurechtfinden und trotz allem ein zufriedenes Leben führen?

Mein Großvater war sicherlich nicht dankbar für seine Kriegsverletzung und die großen Verluste seines Lebens. Aber er war doch in seiner Lebenssituation dankbar, zufrieden und ausgeglichen. Dankbarkeit bringt offenbar eine starke positive Kraft zur Wirkung, die ihn vor Verbitterung oder Depression schützte.

DIE STARKE UND HEILSAME KRAFT
DER DANKBARKEIT
ERSCHLIESST SICH NICHT VON SELBST.
SIE KANN UND WILL ENTDECKT
UND DANN ZUR WIRKUNG GEBRACHT WERDEN.

Dieses Buch entfaltet die wesentlichen Aspekte der konkret spürbaren Wirkungen der Dankbarkeit, die auch positiv auf die Herzenswärme ausstrahlen. Impulse zum Reflektieren inspirieren dazu, über persönliche Standpunkte und Einstellungen nachzudenken und Potenziale zu erschließen. Konkretisierende Übungen bieten Anregungen zur Einübung einer Dankbarkeit, die das Leben bereichert.

Eingeübte Dankbarkeit wirkt lebensverändernd – garantiert! Die Texte, Reflexionen, Übungen, Zitate und Gebete mögen Sie auf Ihrem ganz persönlichen Weg hilfreich begleiten.

Dieter Jenz

Herzenswärme gründet
in Dankbarkeit

Dank
ist das edle Eingeständnis
unserer Grenzen.

Wir alle sind aufeinander
angewiesen, und dies äußert
sich menschenwürdig
im Geben und Nehmen,
im Bitten und Danken.

Georg Moser

Ist nicht alles einfach selbstverständlich?

Ein Wintermorgen. In der Nacht zog eine Warmfront heran. Regen fiel auf den gefrorenen Boden. Glätte und Rutschgefahr. Es klingelt. Die nette Nachbarin steht vor der Tür. Sie bestreut den Bürgersteig vor ihrem Haus, um die Rutschgefahr zu bannen. Sie bietet an, diese Arbeit auch für mich vor unserem Haus zu übernehmen. Ich nehme dankend und dankbar an.

Seither ist einige Zeit vergangen. Noch immer erinnere ich mich gerne an die nette Geste der freundlichen Nachbarin. Sie schenkte etwas von ihrer Zeit, im wahrsten Sinn des Wortes freiwillig. Sie tat etwas für mich, weil sie es wollte.

FREUNDLICHE GESTEN ERLEICHTERN
UND BEREICHERN DAS ZWISCHENMENSCHLICHE
MITEINANDER UNGEMEIN,
ABER SIE SIND NICHT SELBSTVERSTÄNDLICH.

Selbstverständlich ist nur etwas, worauf ein Anspruch besteht. Doch gibt es überhaupt etwas, worauf wir wirklich einen Anspruch haben?

Ein Dach über dem Kopf, ein warmes Bett, jeden Tag genügend zu essen, Gesundheit, gute zwischenmenschliche Beziehungen, ein erfüllender Beruf und so vieles mehr – nichts davon ist selbstverständlich oder gar einklagbar. Das Leben schuldet uns nichts, überhaupt nichts! Alles, was wir haben, und all die guten Dinge im Leben sind deshalb Geschenke.

BEIM NACHDENKEN DARÜBER,
WOFÜR WIR DANKBAR SEIN KÖNNEN,
DENKEN WIR VIELLEICHT ZUNÄCHST
AN DIE „GROSSEN" DINGE.

Das Geschenk des Lebens steht wahrscheinlich auf der Liste ganz oben. Wahrscheinlich sind wir auch für Menschen dankbar, die während Kindheit und Jugendzeit für uns da waren – und uns in unseren schwierigen Zeiten auch ausgehalten haben. Und wahrscheinlich sind wir auch für die Möglichkeit einer guten Ausbildung dankbar. Wenn wir gesund sind, haben wir Grund zur Dankbarkeit dafür. Und sicher fallen uns noch weitere „große" Dinge ein, die uns in irgendeiner Weise zugefallen sind oder jetzt gerade zufallen.

ABER ES GIBT AUCH DIE „KLEINEN" DINGE,
ALLTÄGLICHE FREUDEN, DIE WIR OFT UNBEACHTET
AN UNS VORBEIZIEHEN LASSEN.

Von einem freundlichen Menschen an der Supermarktkasse vorgelassen werden, sich in ein gutes Buch vertiefen, ein Eis in der warmen Frühlingssonne genießen.

Was auch immer die kleinen Freuden sein mögen: nehmen wir sie bewusst und aufmerksam wahr, erkennen wir, dass selbst sie nicht selbstverständlich sind.

Wenn wir für all diese Geschenke dankbar sind, sagen wir Ja zum Leben. Wir sagen Ja dazu, dass das Leben – alles in allem – lebenswert ist. Es bringt Momente mit sich, die es bereichern und das Herz erwärmen.

ANZUERKENNEN, DASS WIR ETWAS
EMPFANGEN HABEN, IST MIT FREUDE VERKNÜPFT.
WIR FREUEN UNS NICHT NUR ÜBER DAS GESCHENK,
SONDERN AUCH ÜBER DIE GEBENDE, DEN GEBENDEN.
WIR FREUEN UNS ÜBER DIE AUFMERKSAMKEIT.

Vielleicht wurde intensiv nachgedacht, welches Geschenk die größte Freude bereiten würde. Vielleicht ist wertvolle Lebenszeit das Geschenk. Aber immer gehört Aufmerksamkeit zum Geschenk untrennbar dazu.

Dankbar für Geschenktes zu sein führt uns zu der Erkenntnis, dass die Quellen dieser Freundlichkeit des Gebens außerhalb von uns selbst liegen.

Wir können anderen Menschen dankbar sein, treuen Tieren, der Natur, auch unserem Schöpfer, wenn wir gläubig sind. Aber uns selbst können wir nicht dankbar sein. Darin erkennen wir unsere Grenzen. Und wir erkennen, wem unser Dank für etwas gebührt.

SO GEHÖRT BEIDES ZUSAMMEN:
DIE ERKENNTNIS, DASS WIR BESCHENKTE SIND,
UND DIE ERKENNTNIS, WEM WIR GESCHENKE
ZU VERDANKEN HABEN.

SO WÜRDIGEN WIR ALL DAS SCHÖNE,
DAS UNSER LEBEN
UND UNS SELBST BEREICHERT.

Nicht zuletzt haben wir Grund, dafür dankbar zu sein, dass wir selbst etwas geben können. Wir haben Gaben und Fähigkeiten ins Leben mitbekommen, die wir kreativ und produktiv einsetzen können. So werden wir selbst zu Gebenden und erkennen, wo unser Reichtum liegt. Letztlich sind wir im zwischenmenschlichen Miteinander alle aufeinander angewiesen. Wir empfangen Geschenke und schenken selbst – nicht unbedingt Materielles, aber in jedem Fall etwas von uns selbst.

SO WIRD DANKBARKEIT ZU EINER ART DIALOG.
DANKBARKEIT KOMMT OHNE EIN GEGENÜBER
NICHT AUS. UND DANKBARKEIT
DRÜCKT WERTSCHÄTZUNG AUS, SOWOHL
WERTSCHÄTZUNG DES GESCHENKS ALS AUCH
DES ODER DER GEBENDEN. DANKBARKEIT
UND WERTSCHÄTZUNG SIND GESCHWISTER,
DIE NICHT OHNE EINANDER AUSKOMMEN.

Drückt ein „Danke!" stets Wertschätzung aus, selbst wenn es vermeintlich einfach so dahingesagt wird? Letzten Endes schon. Wertschätzung bleibt auch nicht ohne Wirkung, denn sie weckt positive Gefühle. Das Herz kann nicht kalt bleiben – es wird warm ums Herz.

NICHTS IST SELBSTVERSTÄNDLICH!
UND WEIL DAS SO IST,
GIBT ES JEDEN TAG SO VIELE ANLÄSSE,
FÜR ETWAS UND GLEICHZEITIG
JEMANDEN DANKBAR ZU SEIN –
UND WERTSCHÄTZUNG AUSZUDRÜCKEN.

Wäre das Wort „Danke" das einzige Gebet,
das du je sprichst, so würde es genügen.

Meister Eckhart

REFLEXION

- Was löst der Gedanke an Dankbarkeit bei Ihnen aus?
- Was löst der Gedanke an Wertschätzung bei Ihnen aus?
- Wofür können Sie gerade jetzt, in diesem Moment, dankbar sein?
- Welche Menschen fallen Ihnen spontan ein, denen Sie für etwas dankbar sein können oder gar müssen?
- Für welche Beziehungen möchten Sie jetzt gerade dankbar sein?
- Für welche Ihrer Gaben und Fähigkeiten sind Sie dankbar?
- Welche Erinnerungen sind es, für die Sie besonders dankbar sind?

ÜBUNG

- **Nicht selbstverständliche Dinge**

  Schreiben Sie mindestens 10 Dinge auf, die in Ihrem Leben nicht selbstverständlich sind. Ob es sich um kleine oder große, bedeutende oder unbedeutende Dinge handelt, ist unerheblich. Nehmen Sie sich für diese Übung etwa fünf Minuten Zeit.

  Diese Übung hilft Ihnen dabei, beim Nachdenken ansatzweise zu erkennen, was in Ihrem Leben nicht selbstverständlich ist und dies wertzuschätzen.

- **Empfangen von anderen**

  Denken Sie darüber nach, in welchen Bereichen Sie auf andere Menschen angewiesen sind und auf der Seite der Empfangenden stehen. Auch für diese Übung nehmen Sie sich bitte etwa fünf Minuten Zeit.

  Mit dieser Übung helfen Sie sich selbst, die Beiträge anderer Menschen in Ihrem Leben zu erkennen und diese wertzuschätzen.

- **Geben an andere**

  Sie haben Gaben und Fähigkeiten, mit denen Sie das Leben Ihrer Mitmenschen bereichern können. Denken Sie darüber nach, was von sich Sie anderen geben. Nehmen Sie sich für diese Übung etwa fünf Minuten Zeit.

  Diese Übung hilft Ihnen dabei, Ihre Geschenke an andere selbst wahrzunehmen und sie auch wertzuschätzen.

WEG-WEISENDES

Du denkst, dies ist nur ein weiterer Tag in deinem Leben. Es ist nicht nur ein weiterer Tag. Es ist dieser eine Tag, der dir geschenkt wird. Heute. Er ist ein Geschenk. Er ist das einzige Geschenk, das du genau jetzt hast, und die einzig passende Antwort darauf ist Dankbarkeit.

David Steindl-Rast

DENKEN UND DANKEN SIND VERWANDTE WÖRTER; WIR DANKEN DEM LEBEN, INDEM WIR ES BEDENKEN.

Thomas Mann

IM NORMALEN LEBEN WIRD EINEM OFT GAR NICHT BEWUSST, DASS DER MENSCH ÜBERHAUPT UNENDLICH VIEL MEHR EMPFÄNGT, ALS ER GIBT, UND DASS DANKBARKEIT DAS LEBEN ERST REICH MACHT.

Dietrich Bonhoeffer

VERGISS
DEN ANFANG NICHT.
DEN DANK.

Albert Schweitzer

MAN MUSS
DURCH DIE KLEINEN GEDANKEN,
DIE EINEN IMMER WIEDER ÄRGERN,
IMMER WIEDER HINDURCH FINDEN,
ZU DEN GROSSEN GEDANKEN,
DIE EINEN STÄRKEN.

Dietrich Bonhoeffer

Seid

dankbar

in allen Dingen.

Freut euch zu jeder Zeit!

Hört niemals auf zu beten.
Dankt Gott, ganz gleich
wie eure Lebensumstände
auch sein mögen.
All das erwartet Gott von euch,
und weil ihr mit

Jesus Christus

verbunden

seid, wird es euch
auch möglich sein.

1 Thessalonicher 5, 16-18

In allem dankbar sein – zu viel verlangt?

Es ist Sonntag, der 23. April 2000 – Ostersonntag. Mitglieder der islamistischen Terrororganisation Abu Sajaf dringen schwerbewaffnet in einen auf Tauchurlaube spezialisierten Hotelbetrieb auf der malaysischen Insel Sipadan vor der Ostküste Borneos ein. Sie drohen mit Erschießung und fliehen mit 21 Geiseln auf die philippinische Insel Jolo. Nach 10 Stunden Fußmarsch erreichen sie ein Lager mitten im Dschungel.

In den folgenden Tagen wechselt der Aufenthaltsort immer wieder, um der philippinischen Armee aus dem Weg zu gehen und eine Befreiung der Geiseln möglichst zu erschweren. Wo auch immer sich Geiseln und Bewacher gerade befinden – die Lebensbedingungen sind sehr primitiv. Meist müssen die Geiseln ihre biwakähnlichen Schlafstellen aus Bambusstützen, Bananenblättern und einer Plastikplane als Regenschutz selbst bauen. An sanitäre Anlagen, fließendes Wasser und Strom ist nicht zu denken.

Auch die Verpflegung ist, zumindest während der ersten Wochen der schließlich mehrmonatigen Geiselhaft, äußerst einfach und nicht ausreichend.

Enorme psychische Belastungen müssen ebenfalls ausgehalten werden. Die Entführer drohen mit Enthauptung. Immer wieder fallen Schüsse. Es gibt Scheinhinrichtungen. Die Bewältigung der Angst, enthauptet oder erschossen zu werden, zu verhungern, zu verdursten oder von einer Schlange gebissen zu werden, fordert die seelischen Kräfte bis zur absoluten Erschöpfung. Wie weit ist es noch bis zur völligen Lethargie und Schicksalsergebenheit?

Eine der Geiseln, ein Südafrikaner, verhält sich auffällig. Jeden Abend praktiziert er als Abendritual ein Dankgebet. Er dankt für alles, was an diesem Tag, wie schlimm er auch gewesen sein mochte, irgendwie gut war.

WAR DER SONNENUNTERGANG ZU SEHEN,
DANKT ER FÜR DEN SCHÖNEN SONNENUNTERGANG.
REGNETE ES WÄHREND DES TAGES,
DANKT ER FÜR DEN REGEN UND DAFÜR,
DASS SICH DIE GEISELN WASCHEN KONNTEN.

Was nutzten die Dankgebete? Waren sie nicht komplett überflüssig? Schließlich veränderten sie von außen betrachtet nichts an der Lage der Geiseln. Ist es nicht abwegig, ausgerechnet für einen schönen Sonnenuntergang zu danken – angesichts dieser extrem prekären Situation?

Nahezu zweitausend Jahre vorher durchlebte ein Mann zusammen mit einem Begleiter ebenfalls eine Zeit besonderer Not, wenn auch völlig anders gelagert. Seine Gedanken fasste er in folgende Worte:

WIR WAREN
MIT UNSEREN KRÄFTEN AM ENDE
UND HATTEN SCHON
MIT DEM LEBEN ABGESCHLOSSEN.

2 Korinther 1, 8

Die Rede ist vom Apostel Paulus, der im Jahr 55 nach Christus zusammen mit Timotheus die christliche Gemeinde in der griechischen Hafenstadt Korinth besuchte. Im Jahr darauf verfasste Paulus einen Brief, in dem er die Todesnot schilderte.

Etwa fünf Jahre zuvor hatte Paulus die Gemeinde in Thessaloniki zum Dankbarsein ungeachtet der Lebensumstände aufgefordert (vgl. S. 24: 1 Thessalonicher 5, 18).

Wie kann ein Mensch in Todesnot für etwas dankbar sein? Ist dies nicht viel zu viel verlangt? Die Gedanken sind schließlich hauptsächlich darauf gerichtet, der Not zu entkommen.

Kann Dankbarkeit überhaupt verordnet werden? Falls ja, wäre nicht Dankbarkeit mit zusammengebissenen Zähnen die Folge? Eine erzwungene Dankbarkeit wider Willen. Dann machen wir es halt. Aber die Gefühle wollen etwas völlig anderes. Das Ergebnis wäre purer Stress. Damit täte kein Mensch sich etwas Gutes.

Wie wäre es mit einem anderen Denkansatz? Nichts müssen wir selbst erzwingen, sondern es gibt eine externe Kraftquelle: Gott. Zu diesem Denkansatz gehört das Vertrauen darauf, dass das Leben in einem größeren Zusammenhang geborgen ist.

WAS AUCH IMMER IM LEBEN
AN UNVERSTÄNDLICHEM
UND SCHLIMMEM GESCHEHEN MAG –
ES IST NICHT DAS ENDE.
DAS LEBEN KANN NICHT WIRKLICH ZERBRECHEN,
SOLANGE GOTT DARIN EINBEZOGEN IST.
WAS FÜR EIN SEGEN, WENN ES
UNTER SEINEN SCHUTZ GESTELLT IST.

DIE PERSPEKTIVE WIRD GEWECHSELT –
IM HIER UND JETZT: DER MENSCH
STEIGT ÜBER SICH SELBST HINAUS UND SETZT
SEIN VERTRAUEN GANZ AUF GOTT.

Damit bin ich – bildlich ausgedrückt – eingebettet in Liebe, Gnade und Barmherzigkeit. Ich fühle mich von Gottes Hand getragen. Gedanken daran lassen das Herz warm werden.

Aus dieser Perspektive fällt Dankbarkeit leichter. Da werden die kleinen Dinge wertvoll, Ereignisse und Begebenheiten, die sonst wenig Beachtung finden. Ein Gefühl der Dankbarkeit stellt sich ein.

DANKBARKEIT MACHT DAS LEBEN HELL UND VERÄNDERT DIE GEGENWART.

Die Dankgebete des Südafrikaners sind deshalb nicht nutzlos, sie spiegeln vielmehr eine innere Haltung wider. Seine psychische Widerstandskraft wurde gestärkt und half ihm, die schwierigen Monate bis zur Freilassung besser durchzustehen. Unter den gegebenen Umständen sorgte er so gut es eben ging für sich selbst. Insofern ist die Aufforderung des Apostels Paulus, die auf den ersten Blick unmöglich und überzogen erscheint, bei genauerem Hinsehen eine durchaus gut begründete Lebenshilfe.

> Dankgebete sind um vieles gesünder und empfehlenswerter als Bittgebete. In Bittgebeten schwingt nämlich stets eine leise, unterschwellige Angst mit. Was ist, wenn die Bitte nicht erhört wird? Wenn sich das Erwünschte und Erflehte nicht einstellt? Ist dann die Verzweiflung am Zug? Bei Dankgebeten ist das anders. Man kann nicht für nichts danken, also dankt man für etwas Bestimmtes. Und zwar für etwas Wundervolles, Beglückendes. Und dies erweitert das Bewusstsein, dass (auch) etwas Wundervolles und Beglückendes im eigenen Leben vorhanden ist bzw. gewesen ist, und verhindert, es fälschlich als „selbstverständlich" zu klassifizieren. Meiner Erfahrung nach sind Dankgebete zudem ein ideales Einschlafmittel: Sie entspannen jedes aufgewühlte Gemüt schnell und nachhaltig.
>
> Elisabeth Lukas

REFLEXION

- Was löst die Aufforderung, in jeder Lebenslage dankbar zu sein, bei Ihnen aus?
- Welche Widerstände spüren Sie bei sich?
- Welche Vorstellung entwickelt sich bei Ihnen bei dem Gedanken, auch in schwierigen Zeiten von Gottes Hand getragen zu werden?
- Was hindert Sie daran, Ihre Perspektive zu wechseln?

ÜBUNG

- Die Welt um uns herum ist voller schöner Dinge. Allerdings nehmen wir sie in der Hektik des Alltags oft gar nicht oder nur am Rande wahr.
- Nehmen Sie während des Tages bewusst drei Dinge oder Erfahrungen wahr, die Sie normalerweise nicht oder kaum beachten. Dies mag beispielsweise eine schöne Blüte am Straßen- oder Wegrand oder der Geschmack von frischem Brot beim Kauen sein. Lassen Sie einen Eindruck etwa 15 Sekunden lang auf sich wirken. Notieren Sie jede Wahrnehmung stichpunktartig und lesen Sie das Aufgeschriebene vor dem Schlafengehen nochmals durch.

- Mit dieser Übung unterstützen Sie sich dabei, vermeintlich Unbedeutendes bewusst wahrzunehmen und dabei zu entdecken, wie schön und bereichernd es doch ist.

WEG-WEISENDES

Jeder Tag
bringt seine Geschenke mit.
Man braucht sie nur auszupacken.

Albert Schweitzer

MACHT EUCH KEINE SORGEN!
IHR DÜRFT IN JEDER LAGE ZU GOTT BETEN. SAGT IHM, WAS EUCH FEHLT, UND DANKT IHM! DANN WIRD GOTTES FRIEDE, DER ALL UNSER VERSTEHEN ÜBERSTEIGT, EURE HERZEN UND GEDANKEN BEWAHREN, WEIL IHR MIT JESUS CHRISTUS VERBUNDEN SEID.

Philipper 4, 6-7

DIE GRÖSSTE KRAFT DES LEBENS IST DER DANK.

Hermann Bezzel

Die *Herzenswärme* steigern

Wenn du etwas nicht magst,

ÄNDERE ES.

Wenn du es nicht
ändern kannst,
ändere deine

Einstellung.

Beschwere dich nicht!

Maya Angelou

Es soll nicht so bleiben wie es gerade ist.

Es ist Silvester, der letzte Tag des Jahres. Ich ziehe Bilanz und blicke auf das vergangene Jahr zurück:

WAS IST IN DEN 8760 STUNDEN DES ZU ENDE GEHENDEN JAHRES ALLES PASSIERT?

WORAUF SCHAUE ICH GERNE UND MIT DANKBAREM HERZEN ZURÜCK?

UND WAS MÖCHTE ICH AM LIEBSTEN AUS MEINEM GEDÄCHTNIS STREICHEN?

Beim Abwägen bleibt auf der Positivseite ein großer Überschuss. Ich habe viele Gründe, dankbar zu sein, im Kleinen wie im Großen. Bei alledem gibt es aber auch Dinge, die ich nicht mag und die ich auch nicht ändern kann. Ich habe nicht die Kontrolle darüber.

Nicht nur mir alleine geht es so. Wohl niemand ist davon ausgenommen. Jeder Mensch muss sich im Leben Situationen stellen, die er oder sie nicht mag:

z. B. auf die Suche nach einer neuen Wohnung oder einer neuen Arbeitsstelle gehen zu müssen oder auch den Umzug ins Seniorenheim zu akzeptieren. Es gibt vieles, was außerhalb unserer Kontrolle liegt und das wir nicht ändern können. Wir können jedoch unsere Einstellung dazu ändern.

Zunächst stellt sich jedoch eine wichtige Frage: Soll er oder sie etwa für diese Dinge und Situationen dankbar sein? Sicherlich nicht! Aber wir können in ihnen dankbar sein. Mit anderen Worten:

WIR KÖNNEN IN JEDER LAGE DANKBAR SEIN.
SCHWIERIGKEITEN SIND WIR IMMER AUSGESETZT,
ABER DAS GUTE UND SCHÖNE IM LEBEN
BILDET EIN GEGENGEWICHT DAZU,
WENN WIR ES WERTSCHÄTZEN.
MEHR NOCH: DANKBARKEIT STÄRKT
DIE PSYCHISCHE WIDERSTANDSKRAFT.

Eine Einstellung zu ändern benötigt Zeit – und Durchhaltewillen. Doch wie kann man sich selbst dabei unterstützen, beharrlich daran zu arbeiten? Der US-amerikanische Psychologe Robert Emmons, der sich in seiner universitären Forschungsarbeit intensiv mit der Psychologie der Dankbarkeit beschäftigte, gibt dazu konkrete Empfehlungen. Eine dieser Empfehlungen: Lege ein Versprechen ab, dir selbst gegenüber!

Dieses Versprechen drückt Verbindlichkeit aus und ist gewissermaßen ein Vertrag, den eine Person mit sich selbst abschließt. Dabei geht es nicht nur darum, „am Ball zu bleiben", sondern auch nach Ende der „Vertragslaufzeit" gegenüber sich selbst die Frage zu beantworten, ob der Vertrag erfüllt wurde.

Er empfiehlt, in diesem Zusammenhang eine oder mehrere Erinnerungshilfen zu nutzen.

EINE ERINNERUNGSHILFE KANN EIN GEGENSTAND SEIN – BEISPIELSWEISE EIN KLEBEZETTEL AM SPIEGEL ODER AN EINER TÜR.

IM HAUS ODER DER WOHNUNG LASSEN SICH SOLCHE ERINNERUNGSHILFEN AN DEN VERSCHIEDENSTEN STELLEN AUFFÄLLIG PLATZIEREN. SIE WOLLEN GEDANKEN DER DANKBARKEIT AUSLÖSEN, WANN IMMER ICH SIE ERBLICKE.

AUCH MENSCHEN KÖNNEN LEBENDIGE ERINNERUNGSHILFEN SEIN.

Jede Begegnung mit einem Menschen kann mich daran erinnern, was die Person mir schon materiell oder immateriell geschenkt hat. Vielleicht war sie in einer schwierigen Lebensphase einfach nur da und hat zugehört. Sie hat mir wertvolle Lebenszeit geschenkt. In einer wie auch immer positiven emotionalen Beziehung kann jede Begegnung eine Empfindung von Dankbarkeit auslösen.

Wenn man sich etwas vornimmt, ist es hilfreich, nicht nur ein oder das bestimmte Ziel im Auge zu haben. Ebenso hilfreich ist es, sich zu fragen: „Wo stehe ich gerade?“ Diese Frage hilft dabei zu erkennen, ob und wo gerade etwas fehlt oder was gerade zu kurz kommt. Vielleicht gibt es ein Dankbarkeitsdefizit.

DINGE WERDEN ALS
SELBSTVERSTÄNDLICH BEANSPRUCHT,
SIND ABER ALLES ANDERE
ALS SELBSTVERSTÄNDLICH.

ODER ES MANGELT AN ACHTSAMKEIT
FÜR DIE VIELEN POSITIVEN
DINGE DES TAGES, UND SIE
BLEIBEN UNBEACHTET UND UNGEWÜRDIGT.

Die Entscheidung für einen ehrlichen Blick auf das, was gerade die Situation bestimmt, ist ein wichtiger Schritt. Dadurch wird klarer, was in diesem Moment gebraucht wird, um den guten Vorsatz auch umsetzen zu können. Vielleicht ist ein Wechsel der Perspektive angesagt, vielleicht geht es um größere Achtsamkeit und Wertschätzung - oder noch etwas anderes will beachtet werden.

Dann liegt die Aufmerksamkeit auf der praktischen Umsetzung. Wenn ich versuche, in jeder Lage dankbar zu sein, arbeite ich gleichzeitig daran, dankerfüllt zu sein. Es geht dann nicht mehr nur um die vielen großen und kleinen Dinge, für die ich dankbar sein kann.

Wenn ein Mensch Dankbarkeit einübt, wird sie im Lauf der Zeit zu einem Charakterzug.

Natürlich empfinde ich nach wie vor ein Gefühl der Dankbarkeit, wenn ich von jemandem etwas bekomme oder wenn mir jemand einen Gefallen erweist. Dieses Dankbarkeitsgefühl ist jedoch eher kurzfristig, ein flüchtiger Zustand. Die Erinnerung an das dankbar Empfangene verschwindet mit der Zeit. Wenn sich aber Dankbarkeit zu einem Charakterzug entwickelt, ist sie schließlich zum Teil des täglichen Lebens geworden. Sie ist nicht mehr an einzelne Begebenheiten gebunden. In gewissem Sinne ist das Leben dankerfüllt geworden. Eine Entwicklung hat stattgefunden: von dankbar zu dankerfüllt.

ES KANN NICHT GELINGEN,
DIE HERZENSWÄRME DIREKT ZU STEIGERN.
DOCH DANKBARKEIT WIRKT, BILDLICH
AUSGEDRÜCKT, WIE EINE KERZE,
DIE DAS HERZ ERWÄRMT. SO WIRD
DANKBARKEIT INDIREKT AUCH ZU
EINEM SCHLÜSSEL ZU DEN HERZEN
ANDERER MENSCHEN.

REFLEXION

- Welche Dinge oder Situationen gibt es in Ihrem Leben, die Sie weder mögen noch ändern können?
- Was macht Ihnen gerade die meisten Schwierigkeiten?
- Was würde es für Sie bedeuten, Ihre Einstellung zu ändern?
- Was brauchen Sie gerade, um Ihre Einstellung ändern zu können?
- Was hindert Sie daran, Dankbarkeit zu einem Charakterzug entwickeln zu wollen?
- Was würde Ihnen am ehesten helfen, „am Ball zu bleiben"?

ÜBUNG

- **Die aktuelle Position im Leben bestimmen**
  Denken Sie darüber nach, wo Sie gerade im Leben stehen. Empfinden Sie ein Dankbarkeitsdefizit? Möchten Sie daran nachhaltig etwas ändern und Dankbarkeit zu einem Charakterzug entwickeln? Schreiben Sie in Stichworten auf, was Sie brauchen, damit Sie eine bewusste Entscheidung treffen können.

- **Vertrag mit sich selbst formulieren**
  Formulieren Sie einen Vertrag mit sich selbst, der das Ver-

sprechen abbildet, dass Sie Ihre Einstellung ändern und durch Dankbarkeit Ihre psychische Widerstandskraft nachhaltig stärken wollen. Halten Sie Ihr Versprechen schriftlich fest und bestimmen Sie auch, wie lange Ihre Selbstverpflichtung gelten soll.

- **Erinnerungshilfen bestimmen und platzieren**
  Suchen Sie sich drei Dinge oder auch Personen aus, mit denen Sie Dankbarkeit verbinden. Notieren Sie die Bezeichnungen bzw. Namen auf Haftzetteln oder Gegenständen, die Sie an für Sie geeigneten Orten auffällig platzieren können.

  Diese Erinnerungshilfen stellen, wenn sie in Ihr Blickfeld geraten, immer wieder den Bezug zu Ihrem Vertrag mit sich selbst her.

WEG-WEISENDES

Dankbarkeit macht das Leben erst reich.

Dietrich Bonhoeffer

Der Undank ist immer eine Art Schwäche.
Ich habe nie gesehen, dass tüchtige Menschen
undankbar gewesen wären.

Johann Wolfgang von Goethe

Dankbarkeit ist Selbstfürsorge

Da wird es hell
in unserem *Leben*,
wo man
FÜR DAS KLEINSTE
danken lernt.

Friedrich von Bodelschwingh (der Ältere)

Gut für sich sorgen will gelernt sein

„Wer danken gelernt hat, der ist gesund geworden." – mit diesen Worten reflektiert Friedrich von Bodelschwingh einen Aspekt seines Lebens. Doch dies ist nicht einfach so dahin gesagt.

Einige Jahre zuvor: Der frühere Gutsverwalter ist als Theologe Pfarrer in der deutschen Gemeinde in Paris, wo um das Jahr 1860 immerhin etwa 80.000 Deutsche leben. Er kümmert sich dort um Arbeitsmigranten unter seinen Landsleuten, die ihren Lebensunterhalt als Tagelöhner, beispielsweise als Straßenkehrer oder Lumpensammler verdienen. In Deutschland sammelt er Spenden für den Bau der „Hügelkirche" und einer Schule. Damit erwirbt er sich einen Ruf als „Pastor der Lumpensammler und Gassenkehrer".

Im Zusammenhang mit der Geburt des ersten Kindes erkrankt seine Ehefrau an einer Wochenbettdepression. Auf ärztlichen Rat beendet er daher 1864 sein sechsjähriges erfolgreichen Wirken in Paris, damit die Familie wieder nach Deutschland ziehen kann, in die damals kleine Bauerngemeinde Dellwig an der Ruhr. Von Bodelschwingh übernimmt dort die zweite Pfarrstelle.

Dem Ehepaar von Bodelschwingh werden drei weitere Kinder geschenkt. Doch 1869 erkranken alle vier Kinder an Diphterie – einer Krankheit, gegen die es damals noch keine Impfung gab. Innerhalb von nur zwei Wochen sterben die Kinder. Die Eltern durchleben dunkelste Stunden.

WÄRE ES NICHT NACHVOLLZIEHBAR GEWESEN,
WENN FRIEDRICH VON BODELSCHWINGH
IN EINE VERBITTERUNG GEFALLEN
UND DIESE VERBITTERUNG
AUCH GEGEN GOTT GERICHTET HÄTTE?

„GOTT, WENN DU DOCH ANGEBLICH
EIN LIEBENDER GOTT BIST,
WARUM HAST DU DAS ZUGELASSEN?"

EINE SOLCHE ODER ÄHNLICHE FRAGE
LIEGT NICHT FERN.

Doch in die Verbitterung gleitet er nicht ab. Zum Gesundwerden gehört eine Krankheit. Wer nicht krank ist, kann auch nicht gesund werden. Die Art der Krankheit nennt Friedrich von Bodelschwingh nicht, doch wahrscheinlich meint er die Verbitterung, die durchaus krankhafte Züge annehmen kann.

Wenn ein Mensch Verbitterung zulässt, vergiftet er sich gewissermaßen selbst.

Innere Verhärtung und Unzugänglichkeit für Tröstungsversuche der Mitmenschen sind die Folge. Eine Art „Tunnelblick" verhindert alternative Sichtweisen und begünstigt den Rückzug aus dem Netz sozialer Kontakte.

Wenn eine Person verbittert ist, empfindet sie sich als hilfloses Opfer, steigert sich in die Opferrolle hinein und ist nicht (mehr) in der Lage, das Geschehene zu bewältigen. Zurück bleibt ein unglücklicher Mensch. Das Leben, das sie oder er leben möchte, ist außer Reichweite geraten.

WIE KANN DER MENSCH IN SOLCHEN
UND ÄHNLICHEN SITUATIONEN GUT
FÜR SICH SELBST SORGEN?

ALS WIRKLICH HILFREICH ERWEIST SICH
NUR EIN WECHSEL DER PERSPEKTIVE.
UND HIER KOMMT DANKBARKEIT INS SPIEL.

DANKBARKEIT IST EIN STARKES GEGENGEWICHT
ZUR „MAGNETWIRKUNG" DES NEGATIVEN,
WENN DER BLICK IMMER WIEDER AUF DAS
NEGATIVE GERICHTET ZU WERDEN DROHT.

Doch kann der Mensch, bildlich gesprochen, die Dankbarkeit einfach „anknipsen" und das Leben (wieder) hell machen? Leider nein!

DANKBARKEIT MUSS ERLERNT UND
EINGEÜBT WERDEN. FRIEDRICH VON
BODELSCHWINGH JEDENFALLS ERLEBTE ES SO.

DANKBARKEIT LENKT DEN BLICK
AUF DAS GUTE UND SCHÖNE IM LEBEN,
DAS EBEN SCHON IN DEN KLEINSTEN DINGEN
AUCH DANN DA IST, WENN WIR ES (NOCH)
NICHT BEWUSST WAHRNEHMEN.

Friedrich von Bodelschwingh war kein Psychologe. Doch er erkannte schon damals, was durch die heutige Psychologie bestätigt wird. Mit erlernter und eingeübter Dankbarkeit können wir nicht nur unsere Seele, sondern auch unseren Körper positiv beeinflussen, und zwar messbar.

Der US-amerikanische Psychologe Robert A. Emmons erforschte zusammen mit weiteren Kollegen in mehr als zehnjähriger wissenschaftlicher Arbeit die Auswirkungen von Dankbarkeit auf die körperliche Gesundheit und das seelische Wohlbefinden. An den verschiedenen Studien nahmen Personen vom Kindes- bis zum fortgeschrittenen Seniorenalter teil.

Was die körperliche Gesundheit anbelangt, ließen sich nicht unerhebliche positive Effekte feststellen. Zu den wichtigsten zählen: Stärkung des Immunsystems, niedrigerer Blutdruck, längerer Schlaf, höhere Bereitschaft für regelmäßige Bewegung und geringere Neigung zum Nikotin- und Alkoholmissbrauch.

Bemerkenswert sind auch die positiven Auswirkungen auf die Psyche.

IN DANKBARKEIT GEÜBTE MENSCHEN ERLEBEN
EIN HÖHERES NIVEAU AN POSITIVEN GEFÜHLEN.

SIE SIND DEM LEBEN MEHR ZUGEWANDT,
ERLEBEN ÖFTER FREUDE,
SIND OPTIMISTISCHER UND GLÜCKLICHER.

Außerdem vermindert Dankbarkeit durch höhere psychische Widerstandsfähigkeit das Risiko, irgendwann im Leben an einer Depression zu erkranken. Davon abgesehen blockiert Dankbarkeit selbstschädigende Gefühle wie Neid oder Feindseligkeit. Es ist schlicht unmöglich Dankbarkeit und Neid gleichzeitig zu empfinden.

In der Gesamtschau erweist sich das Erlernen und Einüben von Dankbarkeit selbst für die kleinsten Dinge als ein hochwirksames und darüber hinaus völlig kostenloses Mittel zur Verbesserung sowohl der körperlichen Gesundheit als auch des seelischen Wohlbefindens.

DANKBARKEIT IST AKTIVE SELBSTFÜRSORGE!

Im Leben des Ehepaares von Bodelschwingh wird es wieder hell:

„DA WIRD ES HELL IN UNSEREM LEBEN,
WO MAN FÜR DAS KLEINSTE DANKEN LERNT."

Drei Jahre nach dem Tod ihrer vier Kinder erhält er das Angebot, die Leitung der 1867 gegründeten kleinen „Heil- und Pflegeanstalt für Epileptische Kranke" in Bielefeld zu übernehmen und sie weiter auszubauen. Dieses Angebot nimmt er an und widmet sich mit Tatkraft seiner neuen Aufgabe. Nachfolger setzen sein Werk fort. Heute sind die „v. Bodelschwinghsche Stiftungen Bethel" die wohl bedeutendste Einrichtung der „Inneren Mission" in Deutschland.

Das Ehepaar bekommt vier weitere Kinder, darunter auch der jüngste Sohn Friedrich, der später die Nachfolge seines Vaters in der Leitung von „Bethel" antritt.

REFLEXION

- Wie können Sie besser für sich sorgen?
- Wo stehen Sie in Gefahr, in Verbitterung zu verfallen?
- Was ist Ihnen Ihr körperliches Wohlbefinden wert?
- Was ist Ihnen Ihr seelisches Wohlbefinden wert?
- Was ist das Kleinste, wofür Sie jetzt, in diesem Moment, danken können?

- Schreiben Sie drei Dinge und/oder Begegnungen auf, die an diesem Tag gut verlaufen sind. Es ist unerheblich, ob es sich um große oder kleine Dinge, kurze oder längere Begegnungen gehandelt hat. Schreiben Sie auch auf, weshalb Sie denken, dass dies so geschehen ist.

- Für diese Übung, die Sie sich am besten für den Abend vornehmen, benötigen Sie etwa 5 bis 10 Minuten. Gehen Sie jeweils ins Detail und beschreiben Sie die Situation genau: Wo waren Sie? Was haben Sie getan oder gesagt? Was haben andere, die vielleicht beteiligt waren, gesagt oder getan? Beschreiben Sie auch, wie Sie sich dabei gefühlt haben und wie Sie sich jetzt in der Erinnerung daran fühlen.

- Die Übung hilft Ihnen dabei, beim Nachdenken zu erkennen, wie es dazu kam, dass Sie diese guten Dinge und/oder Begegnungen erleben konnten. Sie sind in ein Umfeld eingebunden, in dem Ihnen auch Gutes und Schönes zufällt. Diese Übung wirkt auch dem möglichen Gedanken entgegen, dass sich alles gegen Sie verschworen haben könnte.

Gott, sei mit mir

Gott, sei in der Unruhe meines Herzens,
damit ich nicht aufhöre,
dich zu suchen.

Sei in der Fülle meiner Gedanken,
dass sie mich in die Weite
meiner Sehnsucht führen.

Sei in meinem Körper,
dass deine Kraft mich stärken
und heilen möge.

Sei in meinen Gefühlen,
dass ich mich und die Menschen
lieben kann.

Sei in meinem Reden,
dass ich die richtigen Worte finde
zur richtigen Zeit.

Petra Stadtfeld

DANK UND **LIEBE**
SIND DIE **GROSSEN**
MÄCHTE DER WELT.

Friedrich von Bodelschwingh
(der Ältere)

EIN
FRÖHLICHES HERZ
ENTSTEHT AUS EINEM
HERZEN, DAS VOR LIEBE
BRENNT.

Mutter Teresa

NICHT DIE
GLÜCKLICHEN
SIND DANKBAR.
ES SIND DIE DANKBAREN,
DIE GLÜCKLICH SIND.

Francis Bacon

Dankbarkeit wirkt auf Mitmenschen

Jeden Tag erinnere ich mich
hundert Mal daran, dass mein

INNERES
UND ÄUSSERES LEBEN

von der Arbeit anderer
lebender und bereits
verstorbener Menschen
abhängt und dass ich
mich bemühen muss,
im gleichen Maße zu *geben*,
wie ich *empfangen* habe
und immer noch empfange.

Albert Einstein

Durch Dankbarkeit Beziehungen bereichern

Albert Einstein entwickelte seine bahnbrechende allgemeine Relativitätstheorie nicht alleine im stillen Kämmerlein, sondern mit Unterstützung anderer Wissenschaftler. Weniger bekannt ist etwa, dass er bei der Formulierung des mathematischen Teils seiner Theorie tatkräftig von seinem damaligen Freund Marcel Grossmann unterstützt wurde. Wenn heute von der allgemeinen Relativitätstheorie gesprochen wird, fällt stets der Name Albert Einstein. Doch zu Recht gilt Grossmann als deren Mitentdecker.

Auch heute arbeitet kein Wissenschaftler einsam in seinem Labor vor sich hin, erlebt irgendwann den großen Durchbruch, veröffentlicht seine Forschungsergebnisse und kommt schließlich zu Ruhm und Ehren.

Neue wissenschaftliche Erkenntnisse sind stets das Ergebnis des mehrjährigen intensiven Zusammenwirkens mehrerer Wissenschaftler, oft über die Grenzen von Ländern und Kontinenten hinweg.

Alle Beteiligten profitieren von der Zusammenarbeit, manche an prominenter Stelle, manche – wie vor über hundert Jahren Marcel Grossmann – eher im Verborgenen.

Albert Einstein war sich seiner eigenen Grenzen sehr wohl bewusst. Deshalb erinnerte er sich jeden Tag bewusst daran, dass und was andere zu seiner Arbeit beitrugen. Mit seiner Dankbarkeit drückte er auch Wertschätzung aus. Er empfand es keineswegs als selbstverständlich, dass andere etwas von ihrer kostbaren Lebenszeit dafür investierten, ihn zu unterstützen.

DANKBARKEIT IST EINE BEZIEHUNGS-
STÄRKENDE GEMÜTSREGUNG, DA WIR DADURCH
UNAUSGESPROCHEN AUFGEFORDERT SIND,
BEWUSST UND NICHT NUR BEILÄUFIG
WAHRZUNEHMEN, WIE UNS BEI
ODER IN ETWAS GEHOLFEN WURDE.

UND EBENSO SCHWINGT DABEI DIE
ANERKENNUNG MIT, DASS WIR VON ANDEREN
AUCH WERTGESCHÄTZT WURDEN.
SONST WÄRE UNS NICHT GEHOLFEN WORDEN.

Da überrascht es nicht, dass Dankbarkeit letztlich Dialog ist. Sie braucht ein Gegenüber, so wie ein gefühlvoller Händedruck, eine innige Umarmung oder ein zärtlicher Kuss ein Gegenüber brauchen. Und die beteiligten Personen wertschätzen einander –

WERTSCHÄTZUNG IST DIE SCHWESTER
DER DANKBARKEIT.

Dankbarkeit scheint darüber hinaus eine Art Dominoeffekt zu haben. Wenn jemand für etwas dankbar ist, dann ist er oder sie nicht nur eher geneigt, den Wert der Hilfe wahrzunehmen, sondern wird sich dafür wahrscheinlich bei späterer Gelegenheit auch im guten Sinne revanchieren. Andererseits wird jemand, dem oder der für etwas nicht gedankt wird, eher enttäuscht sein. Der Dialog endet gewissermaßen plötzlich und unvermittelt.

SCHON EIN EINZIGES KLEINES DANKESCHÖN
KANN EINE MENGE VERÄNDERN, DENN
DANKBARKEIT IST ANSTECKEND. SIE LÄDT DAZU EIN,
DEN DIALOG FORTZUSETZEN.

Verwundert es dann, dass sich dankbare Menschen weniger einsam und isoliert fühlen? Doch damit erschöpfen sich die positiven Auswirkungen von Dankbarkeit noch lange nicht.

Untersuchungen zufolge sind dankbare Menschen kontaktfreudiger, eher bereit zu vergeben, hilfsbereiter, großzügiger und einfühlsamer. Alle diese Eigenschaften erleichtern das soziale Miteinander.

WENN WIR DANKBARKEIT ZEIGEN,
ERKENNEN WIR AN, DASS WIR NICHT ALLES
GUTE IN UNSEREM LEBEN
NUR UNS SELBST ZU VERDANKEN HABEN.

Wie auch immer wir Erfolg im Leben beschreiben - wir buchen ihn dann nicht nur auf unser Konto. Wir erkennen an, dass auch andere ihren Anteil daran haben. Vielleicht denken wir zuerst an unser Familienumfeld, in dem wir aufgewachsen sind. „Meine Eltern haben mir diese Möglichkeiten geboten." oder „Meine Großmutter hat mich immer wieder getröstet, wenn ich mit einer schlechten Note nach Hause kam, und mir geholfen, nicht aufzugeben" – so oder ähnlich mögen wir vielleicht in der Rückschau empfinden.

Doch da waren mit Sicherheit noch viele weitere Personen, die im Lauf unseres Lebens Gutes für uns getan haben. Um nur einige von ihnen zu nennen: Da waren Lehrerinnen und Lehrer, Arbeitskolleginnen und Freunde.

Sie haben uns ihr Vertrauen geschenkt, haben ein Ohr für uns gehabt, haben uns in ganz praktischen Dingen geholfen. Kurzum: Sie alle haben unser Leben auf ihre ganz eigene Art und Weise bereichert.

Vielleicht hängen wir an dem Gedanken, dass wir im Leben das bekommen, was wir verdient haben. Dankbarkeit macht uns jedoch bewusst, dass wir weitaus mehr bekommen als wir verdient haben. Der Theologe Dietrich Bonhoeffer ging sogar so weit, alles als Geschenk zu betrachten:

DEM DANKBAREN WIRD ALLES ZUM GESCHENK,
WEIL ER WEISS, DASS ES FÜR IHN
ÜBERHAUPT KEIN VERDIENTES GUT GIBT.
ER UNTERSCHEIDET DARUM NICHT
ZWISCHEN VERDIENTEM UND UNVERDIENTEM,

ZWISCHEN ERWORBENEM UND EMPFANGENEM, WEIL IN SEINEN AUGEN AUCH DAS ERWORBENE EMPFANGENES, DAS VERDIENTE UNVERDIENTES IST.

Dietrich Bonhoeffer

Wenn wir uns dankbar als Beschenkte betrachten, fällt es uns auch leichter, von uns selbst etwas zu geben.

Geben ist Ausdruck von Vermögen. Wenn der Mensch etwas von sich gibt, dann geschieht das Geben zutiefst freiwillig und ist kein Müssen, sondern Können. Geben fordert keine Gegenleistung. Sonst hätte es den Charakter eines Tauschgeschäfts.

DAS GEBEN ERWECKT AUCH IM MITMENSCHEN ETWAS, DAS WIEDER ZURÜCKSTRAHLT. DER BESCHENKTE WIRD SELBST ZUM GEBER.

So berichten beispielsweise auffallend viele Menschen, die sich ehrenamtlich engagieren, dass sie sich nicht als einseitig Gebende fühlen. Sie sprechen von ihrer Empfindung, etwas zurück zu bekommen – häufig ohne genau benennen zu können, was sie selbst empfangen.

Dass sie oder er nicht nur etwas von sich selbst geben kann, sondern auch empfängt, vermittelt ebenfalls ein Gefühl der Dankbarkeit. Wir sind dankbar, Schenkende sein zu können und im Geben etwas Sinnstiftendes zu vollbringen

Menschen brauchen einander als wechselseitig Gebende und Empfangende. Vielleicht müssen wir uns wie der weltberühmte Physiker Albert Einstein hundert Mal am Tag daran erinnern, wie sehr wir von unseren Mitmenschen abhängig sind. Gegenseitige Dankbarkeit und Wertschätzung jedenfalls erzeugen Herzenswärme und bereichern unsere zwischenmenschlichen Beziehungen.

REFLEXION

- Wofür sind Sie Ihren Eltern, Großeltern oder sonstigen Personen in Ihrem engen familiären Umfeld, in dem Sie aufgewachsen sind, dankbar?

- Welche Menschen würden Sie in Ihrem Leben schmerzlich vermissen, wenn Sie sie nicht mehr hätten?

- Wer hat in der letzten Woche etwas Gutes für Sie getan?

- Wem haben Sie in der letzten Woche Ihre Dankbarkeit für etwas Empfangenes ausgedrückt?

- Welchen Menschen sind Sie in den letzten drei Monaten nähergekommen?

- Denken Sie an eine wichtige zwischenmenschliche Beziehung in Ihrem Leben. Dies mag Ihre Partnerin, Ihr Partner, eine enge Freundin oder ein enger Freund oder sonst eine Ihnen nahestehende Person sein. Versuchen Sie, sich daran zu erinnern, wo und wie Sie dieser Person begegnet sind.

  Für diese Übung benötigen Sie etwa 15 Minuten. Sie können sich die Übung regelmäßig in bestimmten Zeitabständen, z. B. wöchentlich, vornehmen. Denken Sie jedoch jedes Mal an eine andere Person.

Stellen Sie sich Umstände vor, die es verhindert hätten, dass Sie dieser Person begegnet sind. Vielleicht sind Sie gerade an diesen Wohnort gezogen, haben eine bestimmte Veranstaltung besucht oder gerade zu einem bestimmten Zeitpunkt in der Kantine zu Mittag gegessen. Wäre dies nicht so geschehen, wäre es auch nicht zu dieser für Sie wichtigen zwischenmenschlichen Beziehung gekommen.

Schreiben Sie auf, welche bedeutenden wie vermeintlich unbedeutenden Ereignisse oder Entscheidungen anders hätten geschehen oder getroffen werden können – und schließlich dazu hätten führen können, dass Sie dieser Person nie in Ihrem Leben begegnet wären.

Stellen Sie sich jetzt vor, wie Ihr Leben aktuell aussehen würde, wenn Sie dieser Person nie begegnet wären. Machen Sie sich bewusst, wie und wodurch diese Person Ihr Leben bereichert hat. Denken Sie darüber nach, wie es Ihnen gehen würde, wenn Ihnen all dies entgangen wäre.

Die Übung hilft Ihnen dabei zu erkennen, dass es keineswegs selbstverständlich war, dass die bestimmte Person in Ihr Leben getreten ist. Und sie hilft Ihnen dabei, dafür dankbar zu sein, dass diese Person dazu bereit war, jetzt in Ihrem Leben eine so wichtige Rolle einzunehmen.

WEG-WEISENDES

DANKBARKEIT
BEINHALTET DEMUT –
EINE ERKENNTNIS, DASS
WIR OHNE DIE UNTERSTÜTZUNG
ANDERER NICHT SEIN KÖNNTEN,
WAS WIR SIND ODER WO WIR
IM LEBEN STEHEN.

Robert A. Emmons

KEINE SCHULD
IST DRINGENDER
ALS DIE, DANK
ZU SAGEN.

Marcus Tullius Cicero

WENN DU
DEINE SICHT AUF
DIE DINGE VERÄNDERST,
VERÄNDERN SICH DIE
DINGE, DIE DU SIEHST.

Wayne Dyer

VERSCHIEBE
DIE DANKBARKEIT NIE.
BEZEUGE SIE
AN DEM TAG,
AN DEM DU SIE
EMPFINDEST.

Albert Schweitzer

Dankbarkeit braucht Nahrung

Bedauern, Reue oder gar
Selbstanklage können die
VERGANGENHEIT im
Nachhinein nicht mehr ändern.

Sorge, Angst oder Furcht
können die ZUKUNFT
nicht in andere Bahnen lenken.

Doch schon das kleinste Körnchen
Dankbarkeit
verändert die
GEGENWART.

Dieter Jenz

Dankbarkeit erkämpfen – muss das manchmal sein?

Julia* und Timo* leben in Julias Wohnung zusammen. Längere Zeit ist Timo schon arbeitslos. Die berufstätige Julia trägt den überwiegenden Teil der anfallenden Ausgaben. Auch bei gemeinsamen Unternehmungen zeigt sie sich großzügig. Timo sagt nicht Nein, wenn sie das Zahlen übernimmt.

Nun findet Timo eine Arbeitsstelle. Bald darauf lässt er Julia wissen, dass er sich von ihr trennen will. Julia ist am Boden zerstört. Sie liebt Timo und kann nicht verstehen, weshalb Timo sie verlassen will.

Kann Julia in einer solchen Situation dankbar sein? Wäre das nicht viel zu viel verlangt? Sie fühlt sich einfach nur zutiefst verletzt. Sie kann bei sich nicht erkennen, dass sie die Trennung in irgendeiner Weise provoziert hätte.

Das Bestreben, in jeder Lebenslage dankbar zu sein, wird insbesondere dann auf eine äußerst harte Probe gestellt, wenn seelische Grundbedürfnisse verletzt werden. Bei Julia sind es gleich zwei: das Bedürfnis nach Selbstwert und das Bedürfnis nach Bindung.

* Namen geändert

Im Gespräch wird erkennbar, dass sich Julia selbst nicht wertschätzt. Sie denkt gering von sich. Timo gab ihr während der Zeit ihres Zusammenseins das Gefühl, gebraucht zu werden. Das genügte ihr. Und er erfüllte auch ihr Bedürfnis nach Bindung.

Julias Seelenschmerz ist intensiv. Ständig beschäftigt sie sich in Gedanken mit ihrem Verlust. Um ihre Wertschätzung gegenüber sich selbst kümmert sie sich hingegen nicht.

Es verwundert nicht, dass Julia gerade überhaupt nichts findet, wofür sie dankbar sein kann. Der Seelenschmerz überlagert einfach alles. Wenn, bildlich ausgedrückt, ein weißes Blatt Papier vor ihr läge, würde es von einer unsichtbaren Hand vollständig mit schwarzer Farbe bedeckt. Kein heller Punkt wäre mehr zu sehen.

WOHL JEDER ERLEBT
MINDESTENS EINMAL IM LEBEN
EINE DUNKLE ZEIT.

Vielleicht ausgelöst durch einen unverschuldeten Verlust des Arbeitsplatzes oder durch irgendein anderes schwerwiegendes Ereignis. Ein Rückblick auf das vergangene Leben und die Empfindung, das eigene Leben nicht wirklich gelebt zu haben, können Ursachen für Traurigkeit und Enttäuschung sein. Eine innere Leere breitet sich aus.

Es mag auch sein, dass sie oder er voller Angst und Sorge in die Zukunft blickt. „Wie soll ich in meinem Alter noch einen neuen Arbeitsplatz finden, der auch meinen Fähigkeiten und

Qualifikationen entspricht?" Alles erscheint düster und vielleicht sogar hoffnungslos.

Die Vergangenheit lässt sich nachträglich nicht mehr ändern. Auch die Zukunft lässt sich durch sorgenvolle Gedanken nicht beeinflussen. Rein verstandesmäßig betrachtet kann die betroffene Person sich nur selbst schaden, wenn sie ins Grübeln verfällt und ständig dem Vergangenen nachhängt oder sich die Zukunft einfach nur schrecklich ausmalt. Doch die Gefühle wirken oft wie ein Gummiband.

WENN GERADE ALLES DUNKEL ERSCHEINT, HILFT ES, SICH DARAUF ZU BESINNEN, WIE WIR AUCH FRÜHER SCHON SCHWIERIGE ZEITEN DURCHLEBT HABEN.

WENN DER MENSCH SICH INS GEDÄCHTNIS RUFT, WIE SCHWIERIG ES WAR UND WIE WEIT ER SCHON GEKOMMEN IST, WIRD IM GEHIRN EINE ART KONTRASTPROGRAMM GESTARTET.

Der dadurch bewusst gewordene Gegensatz zwischen dem, was einmal war, und dem, was danach geworden ist, bildet einen fruchtbaren Boden für Dankbarkeit. Vielleicht hat sie oder er damals auch Unterstützung durch andere erfahren. Dann ist dies ein Grund, den unterstützenden Menschen dankbar zu sein.

DIE RÜCKBESINNUNG GIBT DEN MUT,
ES AUCH IN ZUKUNFT
WIEDER SCHAFFEN ZU KÖNNEN.

Das stärkste Mittel, um wieder das Gefühl der Dankbarkeit zu erleben und dadurch die seelische Widerstandskraft zu stärken, ist der Blick auf das Hier und Jetzt. Wofür kann ich jetzt gerade, in diesem Moment, dankbar sein? Spontan fallen mir einige Dinge ein: das Dach über dem Kopf, frisches Wasser, die Natur – und der Augenblick!

Der Blick auf das Hier und Jetzt wirkt wie eine Art „Notprogramm", um sich Dankbarkeit gewissermaßen zu erkämpfen.

Dieses Notprogramm hilft, negative Gefühle zu blockieren und vermittelt einen Impuls, wieder mehr am Leben teilzunehmen. Die Gegenwart wird verändert.

Das Blatt Papier ist nicht mehr nur schwarz. Mindestens ein kleiner heller Punkt ist darauf zu sehen. Vielleicht sind es sogar schon mehrere. Je mehr Dinge beim Nachdenken im Hier und Jetzt bewusst werden, desto mehr helle Punkte sind sichtbar. Manche sind vielleicht nur winzig klein, andere dafür größer.

Das Notprogramm gibt der Dankbarkeit wieder Nahrung. So wie Feuer erlischt, wenn Sauerstoff als Nahrung fehlt, verkümmert auch Dankbarkeit, die nicht genährt wird.

Der Blick auf das Hier und Jetzt und auf die kleinsten Anlässe oder Gründe für Dankbarkeit liefert, bildlich ausgedrückt, der Flamme der Dankbarkeit wieder Sauerstoff.

Der Übungsprozess, Dankbarkeit mit der Zeit zu einem Charakterzug zu entwickeln, wird nicht unterbrochen.

Mit zeitlichem Abstand wird Julia dankbar sein können, dass sie die für sie so schwere Zeit überstanden hat. Vielleicht wird sie sagen können: „All das hatte unter dem Strich dann doch noch sein Gutes. Timo hat mich durch die Trennung dazu gezwungen, mich intensiv mit meiner Selbstwertschätzung zu beschäftigen. Dadurch bin ich schließlich viel selbstbewusster geworden. Wenn ich auf die Beziehung insgesamt zurückschaue und nicht nur auf die guten Zeiten, wird mir jetzt bewusst, dass die Beziehung ohnehin keine Zukunft gehabt hätte. Und so bin ich letzten Endes Timo sogar dankbar, dass er die Beziehung beendet hat. Ich hätte es nicht geschafft."

Es kommt für jeden der Augenblick der Wahl und der Entscheidung: ob er sein eigenes Leben führen will, ein höchst persönliches Leben in tiefster Fülle.

Oscar Wilde

REFLEXION

- Welche Dinge fallen Ihnen jetzt gerade spontan ein, für die Sie dankbar sein können?
- Welche Personen fallen Ihnen jetzt gerade spontan ein, denen Sie für etwas dankbar sein können?
- Wie ist Ihre Erfahrung mit dem Erkämpfen von Dankbarkeit?
- Was ist geschehen, wenn Sie Dankbarkeit erkämpft haben?
- Welche schwierigen Zeiten haben Sie schon durchgestanden?
- Wofür können Sie im Nachhinein dankbar sein?

ÜBUNG

- Denken Sie an ein schönes Erlebnis in Ihrem Leben zurück. Dabei kann es sich beispielsweise um den erfolgreichen Abschluss einer Ausbildung, den Einzug in die eigenen vier Wände, die Geburt eines Kindes oder eine Urlaubsreise handeln. Wenn Ihre Gedanken zu diesem Erlebnis zurückschweifen, dann denken Sie auch an die Umstände zurück, die dieses Erlebnis möglich gemacht haben.

Für diese Übung benötigen Sie etwa 15 Minuten. Sie können sich die Übung regelmäßig in bestimmten Zeitabständen, z. B. wöchentlich, vornehmen. Denken Sie jedoch jedes Mal an ein anderes schönes Erlebnis.

Denken Sie über Hindernisse nach, die dazu hätten führen können, dass Ihnen dieses schöne Erlebnis verwehrt geblieben wäre. Beispiel: Falls Ihr Urlaub nicht genehmigt worden wäre, hätten Sie diese schönen Urlaubserlebnisse verpasst.

Schreiben Sie auf, welche bedeutenden wie vermeintlich unbedeutenden Ereignisse oder Entscheidungen anders hätten geschehen oder getroffen werden können – was schließlich bewirkt hätte, dass Ihnen dieses schöne Erlebnis entgangen wäre.

Stellen Sie sich jetzt vor, wie Ihr Leben aktuell aussehen würde, wenn Sie nicht in den Genuss dieses schönen Erlebnisses mit allen seinen ebenso positiven Folgewirkungen gekommen wären. Jetzt können Sie sich gut vorstellen, was alles hätte anders verlaufen können und das Gute und Schöne wertschätzen.

Die Übung hilft Ihnen dabei zu erkennen, dass das schöne Erlebnis keineswegs selbstverständlich war. Und sie hilft Ihnen dabei, dafür dankbar zu sein, dass sich die Dinge genau in dieser Weise entwickelten.

WEG-WEISENDES

Auch das glücklichste Leben ist nicht ohne ein gewisses Maß an Dunkelheit denkbar; und das Wort ‚Glück' würde seine Bedeutung verlieren, hätte es nicht seinen Widerpart in der Traurigkeit.

Carl Gustav Jung

Für die lernende Seele hat das Leben auch in seinen dunkelsten Stunden einen unendlichen Wert.

Immanuel Kant

Es hängt alles davon ab,
wie wir die Dinge sehen,
und nicht davon, wie sie sind.

Carl Gustav Jung

Die Herrschaft
über den Augenblick
ist die Herrschaft über das Leben.

Marie von Ebner-Eschenbach

Strahlkraft gewinnen

In der Vergangenheit habe ich
DANKBARKEIT immer
als eine spontane Reaktion auf
GABEN ODER GESCHENKE
gehalten, aber jetzt stelle ich fest,
dass Dankbarkeit auch als eine
DISZIPLIN gelebt werden kann.

Die Disziplin der Dankbarkeit
ist das ausdrückliche Bemühen,
anzuerkennen, dass mir alles,
was ich bin und habe, als ein
Geschenk der Liebe
gegeben ist, ein Geschenk,
das mit Freude zu FEIERN ist.

Henri Nouwen

Herzenswärme wirksam machen und ausstrahlen

Dem Einüben von Dankbarkeit geht die bewusste Entscheidung, Dankbarkeit kultivieren zu wollen, voraus. Folgende kleine Geschichte eines unbekannten Verfassers mag illustrieren, dass Dankbarkeit auch eine Willensangelegenheit ist.

EIN ALTER MANN BESCHLOSS NACH DEM TOD SEINER FRAU, INS ALTERSHEIM ZU GEHEN. DIE WOHNUNG SCHIEN IHM ZU GROSS, UND ER WOLLTE FÜR SEINE LETZTEN TAGE AUCH NOCH EIN BISSCHEN GESELLSCHAFT HABEN, DENN ER WAR GEISTIG NOCH IN GUTER VERFASSUNG.

IM HEIM MUSSTE ER LANGE IN DER HALLE WARTEN, EHE EIN JUNGER MANN ZU IHM KAM UND MITTEILTE, DASS SEIN ZIMMER NUN FERTIG SEI. ER BEDANKTE SICH UND LÄCHELTE SEINEM BEGLEITER ZU, WÄHREND ER, AUF SEINEN STOCK GESTÜTZT, LANGSAM NEBEN IHM HERGING.

BEVOR SIE DEN AUFZUG BETRATEN, ERHASCHTE DER ALTE MANN EINEN BLICK IN EINES DER ZIMMER UND SAGTE. „MIR GEFÄLLT ES SEHR GUT." SEIN JUNGER BEGLEITER WAR ÜBERRASCHT UND MEINTE, ER HABE DOCH SEIN ZIMMER NOCH GAR NICHT GESEHEN.

BEDÄCHTIG ANTWORTETE DER ALTE MANN: „WISSEN SIE, JUNGER MANN, OB ICH DEN RAUM MAG ODER NICHT, HÄNGT NICHT VON DER LAGE ODER DER EINRICHTUNG, SONDERN VON MEINER EINSTELLUNG AB, VON DER ART, WIE ICH IHN SEHEN WILL. UND ICH HABE MICH ENTSCHIEDEN, GLÜCKLICH ZU SEIN. DIESE ENTSCHEIDUNG TREFFE ICH JEDEN MORGEN, WENN ICH AUFWACHE, DENN ICH KANN WÄHLEN.

ICH KANN IM BETT BLEIBEN UND DAMIT HADERN, DASS MEIN KÖRPER DIES UND JENES NICHT MEHR SO REIBUNGSLOS SCHAFFT – ODER ICH KANN AUFSTEHEN UND DANKBAR SEIN FÜR ALLES, WAS ICH NOCH KANN. JEDER TAG IST EIN GESCHENK, UND SOLANGE ICH MEINE AUGEN ÖFFNEN KANN, WILL ICH SIE AUF DEN NEUEN TAG RICHTEN, UND SOLANGE ICH MEINEN MUND ÖFFNEN KANN, WILL ICH DANKEN FÜR ALL DIE GLÜCKLICHEN STUNDEN, DIE ICH ERLEBEN DURFTE UND NOCH ERLEBEN DARF.

SIE SIND NOCH JUNG, DOCH NEHMEN SIE SICH DEN RAT EINES ALTEN MANNES ZU HERZEN. DEPONIEREN SIE ALLES GLÜCK, ALLE FREUDE, ALLE SCHÖNEN ERLEBNISSE ALS ERINNERUNGEN AUF EINEM DANKBARKEITS-KONTO, UM IM ALTER ÜBER EINEN SCHATZ ZU VERFÜGEN, VON DEM SIE ZEHREN KÖNNEN, WANN IMMER SIE DESSEN BEDÜRFEN. ES LIEGT AN IHNEN, WIE HOCH DIE EINLAGEN AUF DEM KONTO SIND.

ICH GEBE IHNEN NOCH ZWEI EINFACHE TIPPS, MIT DENEN SIE IHR KONTO RASCH WACHSEN LASSEN KÖNNEN: HEGEN SIE IN IHREM HERZEN NUR LIEBE, UND IN IHREN GEDANKEN NUR FREUDE. IN DEM BEWUSSTSEIN, EIN SOLCHES KONTO ZU BESITZEN, VERLIERT DIE ZUKUNFT IHRE UNGEWISSHEIT UND DER TOD SEINEN SCHRECKEN."

Einüben von Dankbarkeit bedeutet, sich wiederholt für Dankbarkeit zu entscheiden, vielleicht sogar – wie der alte Mann in der anrührenden Geschichte – jeden Tag aufs Neue. Diese Entscheidung kann nicht ohne Folge bleiben. Ein Mensch beeinflusst, wie schon deutlich wurde, durch Dankbarkeit in erster Linie sich selbst. Dankbarkeit entwickelt sich immer mehr zu einem Charakterzug und wirkt auf Körper, Seele und Beziehungen.

UNWEIGERLICH MACHT MAN SICH DADURCH SELBST „AUSSTRAHLEND" AUF ANDERE.

DANKBARKEIT STEIGERT SCHLIESSLICH DIE HERZENSWÄRME.

WIE SOLLTE HERZENSWÄRME ANDEREN MENSCHEN VERBORGEN BLEIBEN KÖNNEN?

Das Einüben von Dankbarkeit ist kein Schulstoff. Deshalb müssen wir diese Aufgabe selbst übernehmen. Bei manchen sind die Startvoraussetzungen besser, weil es in der Familie ein oder mehrere Vorbilder gab oder gibt, bei anderen sind die Bedingungen weniger gut.

Als Erstes müssen wir unsere Einstellung klären. Bestimmen uns Materialismus und Anspruchsdenken? Wenn wir der Meinung sind, dass wir durch das Ansammeln von mehr oder weniger wertvollen Dingen glücklich werden und – überspitzt ausgedrückt – auf alles einen Anspruch haben, wofür sollten wir dann dankbar sein?

DANKBARKEIT WERDEN WIR NUR DANN IN DER TIEFE EMPFINDEN KÖNNEN, WENN WIR DAVON ÜBERZEUGT SIND, DASS LETZTLICH ALLES, WAS UNS ZUFÄLLT, EIN GESCHENK IST.

Als Nächstes machen wir uns bewusst, dass das Einüben seine Zeit benötigt. Es geschieht nicht über Nacht. Vielmehr stellen wir uns auf einen lebenslangen Prozess ein.

Wenn uns unsere Einstellung nicht (mehr) im Weg steht, können wir darüber nachdenken, was uns beim Einüben gut helfen könnte. Verschiedene Methoden haben sich als sehr hilfreich erwiesen – zum einen für uns selbst, zum anderen im Hinblick auf unsere Beziehungen.

IM HINBLICK AUF UNS SELBST
HELFEN UNS DREI EINFACHE METHODEN
BESONDERS GUT BEIM EINÜBEN:

- DANKBARKEITSTAGEBUCH FÜHREN
- HAFTNOTIZEN BESCHREIBEN
- GEGENSTÄNDE „WANDERN" LASSEN

Dankbarkeitstagebücher sind in verschiedenen Ausführungen erhältlich. Es empfiehlt sich eine undatierte Ausführung, da sie Freiraum lässt, wie häufig man in das Tagebuch etwas eintragen möchte. Natürlich reicht auch ein einfaches Heft, beispielsweise ein liniertes Schulheft, vollkommen aus. Seit einigen Jahren sind auch Dankbarkeits-Apps verfügbar, mit deren Hilfe sich das Dankbarkeitstagebuch auf dem Smartphone elektronisch führen lässt.

Im Dankbarkeitstagebuch lässt sich schriftlich festhalten, wofür und für wen man an diesem Tag, in dieser Woche, oder einem anderen frei wählbaren Zeitraum dankbar war. Man schreibt einfach seine Gedanken in Stichworten oder ganzen Sätzen nieder.

EINE WEITERE MÖGLICHKEIT BESTEHT DARIN, HAFTNOTIZEN ZU BESCHREIBEN UND SIE AN GUT SICHTBAREN ORTEN ANZUBRINGEN.

Dies mag beispielsweise der Badezimmerspiegel, eine Zimmertür oder die Kühlschranktür sein. Da Haftnotizen nur eine beschränkte Größe haben, eignen sie sich eher zum Notieren von Stichworten. Anders als das Dankbarkeitstagebuch sind sie auch eher als Erinnerungsstütze für einen Tag gedacht.

ALS DRITTE MÖGLICHKEIT BIETET ES SICH AN, KLEINE GEGENSTÄNDE „WANDERN" ZU LASSEN. GEEIGNET SIND BEISPIELSWEISE KLEINE HASELNÜSSE. MAN STECKT MORGENS 10 HASELNÜSSE IN EINE HOSENTASCHE. IMMER WENN MAN WÄHREND DES TAGES JEMANDEM ODER FÜR ETWAS DANKBAR IST, LÄSST MAN EINE HASELNUSS IN DIE ANDERE HOSENTASCHE WANDERN.

Es ist interessant festzustellen, ob oder wann im Lauf des Tages alle Haselnüsse ihren Ort gewechselt haben. Gibt es noch Haselnüsse, die nicht in die andere Tasche gewandert sind? Oder haben die Haselnüsse nicht ausgereicht, weil es einfach mehr zu danken gab? Falls ja, fängt man einfach wieder von vorne an. Natürlich sind anstelle von Haselnüssen auch andere kleine Gegenstände geeignet, beispielsweise kleine Kieselsteine oder Münzen.

Alle drei Methoden sind miteinander kombinierbar. Das Dankbarkeitstagebuch eignet sich besonders für das langfristige Protokollieren. Haftzettel dienen als Gedächtnisstütze für einen oder höchstens wenige Tage. Das „Wanderspiel" dauert maximal einen Tag. Es dient hauptsächlich dazu, sich abends daran zu erinnern, dass es während des Tages Ereignisse oder Erlebnisse gab, die der Dankbarkeit würdig waren.

Diese kurz skizzierten Methoden helfen dabei, Dankenswertes bewusst wahrzunehmen und auch wertzuschätzen. Im Hinblick auf das Führen eines Dankbarkeitstagebuchs sind positive Auswirkungen durchaus messbar.

WISSENSCHAFTLICHE UNTERSUCHUNGEN KONNTEN ZEIGEN, DASS SICH DAS NIVEAU DES GLÜCKSEMPFINDENS SCHON UM ETWA 25 PROZENT STEIGERN LÄSST, WENN MAN DREI WOCHEN LANG VIER MAL PRO WOCHE ETWAS ZEIT INVESTIERT, UM SEIN DANKBARKEITSTAGEBUCH ZU FÜHREN.

Selbst wenn diese Gewohnheit nicht beibehalten werde, seien die positiven Auswirkungen noch mindestens ein halbes Jahr lang weiter spürbar.

Wenn wir anderen für etwas danken möchten, stehen eine ganze Reihe von Möglichkeiten zur Wahl. Neben dem klassischen Brief und dem Telefonanruf bieten sich die E-Mail oder auch die Text- oder Sprachnachricht über einen Messenger-Dienst (z.B. WhatsApp, Signal oder Threema) an. Die Sprachnachricht wirkt ähnlich wie eine Nachricht auf einem Anrufbeantworter. Die Empfängerin oder der Empfänger hört sie ab, wenn es zeitlich passt.

„DANKE, DASS DU MICH BESUCHT HAST. DAS HAT MICH AUFGEMUNTERT", „DANKE, DASS DU MIT AN MEIN VORSTELLUNGSGESPRÄCH GEDACHT HAST" ODER ÄHNLICHE KONKRETE UND SITUATIONSBEZOGENE BEZEUGUNGEN VON DANKBARKEIT DRÜCKEN WERTSCHÄTZUNG AUS UND VERTIEFEN EINE ZWISCHENMENSCHLICHE BEZIEHUNG.

Es ist kaum vorstellbar, dass sich die angesprochene Person nicht über eine derartige Wertschätzung freut.

Und wenn man selber glücklich und zufrieden leben will, muss man sich um seine Mitwelt bekümmern und ihr freudig zuarbeiten, sonst manövriert man sich in eine unerträgliche Isolation hinein. Wie Frankl so schön gesagt hat: „Das Ich wird Ich erst am Du".*

Elisabeth Lukas

** Elisabeth Lukas zitiert hier den bekannten österreichischen Neurologen und Psychiater Viktor Frankl.*

REFLEXION

- Wo sind Sie heute mit einer positiven Grundhaltung an etwas herangegangen?
- Wie haben Sie sich dabei gefühlt?
- Was hat sich bei Ihnen selbst verändert?
- Wem haben Sie zuletzt für etwas gedankt?
- Wie lange ist dies her?

ÜBUNG

- **Eintrag in das Dankbarkeitstagebuch**

Schreiben Sie auf, was Sie heute in Ihr Dankbarkeitstagebuch eintragen würden, wenn Sie eines hätten. Wie viel Sie schreiben und wie detailliert Sie Eindrücke festhalten möchten, bleibt Ihnen überlassen.

Diese Übung, für die Sie sich am besten abends Zeit nehmen, hilft Ihnen dabei, die schönen Ereignisse des Tages noch einmal im Rückblick nachzuempfinden.

Einer Person für etwas danken

Schreiben Sie auf, wem Sie heute für etwas danken möchten und wofür Sie dankbar sind. Wiederum bleibt es Ihnen überlassen, wie detailliert Sie dies festhalten möchten.

Mit dieser Übung rufen Sie eine Begegnung mit einer Person oder ein mit dieser Person verknüpftes Ereignis oder Erlebnis aus Ihrem Gedächtnis ab. Dabei empfinden Sie Wertschätzung.

Wenn Sie möchten, können Sie das Aufgeschriebene direkt an die Person übermitteln, beispielsweise über E-Mail oder eine Textnachricht.

WEG-WEISENDES

Das konsequente Einüben von Dankbarkeit fördert unsere „Strahlkraft“. Dankerfülltes Leben führt unweigerlich zu mehr Herzenswärme.

Dieter Jenz

JE SCHÖNER
UND VOLLER DIE ERINNERUNG,
DESTO SCHWERER IST DIE TRENNUNG.
ABER DIE DANKBARKEIT VERWANDELT
DIE ERINNERUNG IN EINE STILLE FREUDE.
MAN TRÄGT DAS VERGANGENE
SCHÖNE NICHT WIE EINEN STACHEL,
SONDERN WIE EIN
KOSTBARES GESCHENK IN SICH.

Dietrich Bonhoeffer

IN DER DANKBARKEIT
GEWINNE ICH DAS RECHTE
VERHÄLTNIS ZU MEINER
VERGANGENHEIT.

IN IHR WIRD DAS
VERGANGENE FRUCHTBAR
FÜR DIE GEGENWART.

Dietrich Bonhoeffer

Die „Herzenstemperatur" regulieren

Übe dich
nur TAG UM TAG
und du wirst sehn,
was das
vermag.

Johann Wolfgang von Goethe

Gut auf sich selbst achten

„Huch, kein Mehl mehr da. Das Kuchenbacken muss leider ausfallen!“ Natürlich möchte man eine solche unliebsame Situation vermeiden. Damit es nicht so weit kommt, werfen wir immer mal wieder einen Blick auf unsere Vorräte. Spätestens beim Entnehmen der letzten Mehlpackung aus dem Vorratsregal wird Mehl auf die Einkaufsliste gesetzt.

Auch in vielen anderen Bereichen unseres Lebens überprüfen wir, ob noch genügend vorhanden ist. Wir blicken beispielsweise auf die Tankanzeige im Auto und sorgen dafür, dass der Tank rechtzeitig wieder aufgefüllt wird. Schließlich wollen wir nicht plötzlich mit dem Auto irgendwo stehenbleiben. Wir sorgen aber auch für uns selbst, insbesondere für unsere Gesundheit. Vorsorgeuntersuchungen nehmen wir wahr, denn wir möchten nicht fahrlässig unsere Gesundheit gefährden.

Wenn wir krank sind, messen wir die Körpertemperatur. Liegt sie über 38 Grad Celsius, haben wir Fieber. Dann ergreifen wir oder ein Arzt fiebersenkende Maßnahmen. Während wir auf unsere Körpertemperatur achten und sie gegebenenfalls auch überwachen, denken wir kaum an unsere

„HERZENSTEMPERATUR“.

SIE ZEIGT SICH IN WARMHERZIGKEIT,
ZUGEWANDTHEIT, GÜTE,
IN EINEM HERZLICHEN WESEN,
UND IST FÜR UNSERE MITMENSCHEN
SOFORT SPÜRBAR.

Wir selbst können unsere „Herzenstemperatur" allerdings nur subjektiv wahrnehmen und einschätzen. Da es kein Thermometer für die „Herzenstemperatur" gibt, welches sie objektiv messen könnte, bleibt nur unsere Selbstwahrnehmung. Diese spiegelt jedoch möglicherweise nicht die Wirklichkeit, so wie unsere Mitmenschen uns sehen, wider.

Wir können unsere „Herzenstemperatur" nicht direkt steuern. Nur indirekt können wir auf sie Einfluss nehmen, sowohl negativ als auch positiv. Durch Dankbarkeit als Charakterzug können wir sie jedenfalls positiv beeinflussen.

Neben Dankbarkeit sind insbesondere auch Hoffnung und Liebe zu nennen. Wenn wir unsere „Herzenstemperatur" steigern und hochhalten wollen, stehen wir nicht vor einer einmaligen Aufgabe, die ihre Zeit braucht und dann bewältigt ist. Vielmehr begleitet uns dieses Anliegen unser gesamtes Leben hindurch.

Vor diesem Hintergrund erscheint es hilfreich, das Leben als einen Prozess der fortwährenden Entwicklung zu betrachten. Wenn wir unsere Entwicklung selbst steuern wollen, brauchen wir Möglichkeiten zur Positionsbestimmung.

WO STEHEN WIR GERADE IM LEBEN?
WOMIT HABEN WIR ZU KÄMPFEN?
WAS IST IN LETZTER ZEIT ZU KURZ GEKOMMEN?

Diese beispielhaften Fragen helfen uns dabei zu erkennen, was wir schon erreicht haben, wo es noch fehlt und worauf wir künftig mehr und besser achten wollen. In diesem Prozess unserer fortwährenden Entwicklung beeinflussen wir die wesentlichen Eigenschaften und Merkmale unserer Persönlichkeit. Wir haben es selbst in der Hand, wie wir uns verändern möchten. Wir sind nicht Opfer unserer Lebensumstände!

Damit wir Veränderungen, positive wie negative, im Zeitverlauf feststellen können, benötigen wir ein Vergleichskriterium. Doch was könnte im Hinblick auf Dankbarkeit ein geeignetes Vergleichskriterium sein?

Wenn wir ein Dankbarkeitstagebuch führen, können wir im Rückblick schwarz auf weiß sehen, wofür und wem wir schon für etwas dankbar sein konnten. Darüber hinaus kann es hilfreich sein, sich in bestimmten Abständen (z.B. monatlich) Zeit für eine Reflexion zu nehmen. „Was hat sich seit der letzten Reflexion verändert, positiv wie negativ?" – so lautet eine geeignete Ausgangsfrage.

Weitere beispielhafte Fragen, die uns bei unserer Reflexion unterstützen können, sind:

IN WELCHEN PUNKTEN IST MEIN LEBEN
HEUTE ANDERS ALS BEI DER LETZTEN

REFLEXION UND FÜR WELCHE POSITIVEN VERÄNDERUNGEN BIN ICH DANKBAR?

WER HAT MIR SEIT DER LETZTEN REFLEXION GEHOLFEN ODER MIR DAS LEBEN LEICHTER GEMACHT?

WAS HABE ICH SEIT DER LETZTEN REFLEXION GELERNT, WOFÜR ICH DANKBAR SEIN KANN?

Mit unserer Reflexion sorgen wir gut für uns selbst, sie hilft uns dabei, Fortschritte zu erkennen. So wie das, wofür und für wen wir dankbar sind, eine ganz individuelle Angelegenheit ist, so können wir auch Art und Weise sowie Häufigkeit der Reflexion individuell festlegen. „Mehr ist besser" gilt nicht!

Eigene Erfolge, und seien sie noch so klein, dürfen auch nicht durch übermäßige Dankbarkeit anderen gegenüber heruntergespielt werden. Sicherlich haben andere Menschen ihren Anteil an unseren kleinen wie großen Erfolgen, aber eben nur einen Anteil. Lassen wir jedoch unseren eigenen Anteil unter den Tisch fallen, leidet unsere Selbstwertschätzung.

WENN WIR UNSER DANKBARKEITSNIVEAU IN EINER FÜR UNS INDIVIDUELL STIMMIGEN ART UND WEISE HOCHHALTEN, WIRKT SICH DIES AUCH AUF UNSERE „HERZENSTEMPERATUR" AUS.

WIR VERBREITEN HERZENSWÄRME. UND WIR STEIGERN AUCH UNSERE FÄHIGKEIT, MIT UNSEREN MITMENSCHEN IN KONTAKT ZU KOMMEN, DENN DANKBARKEIT IST EIN SCHLÜSSEL ZU DEN HERZEN ANDERER MENSCHEN.

REFLEXION

- Wie schätzen Sie jetzt gerade Ihr Dankbarkeitsniveau ein?
- Was ist bei Ihnen in der letzten Zeit zu kurz gekommen?
- Womit haben Sie gerade besonders zu kämpfen?
- Wie stark ist Ihr Wunsch, Dankbarkeit zu einem Charakterzug zu entwickeln?
- Was wären Sie zu tun bereit, um dankerfüllt zu werden?

ÜBUNG

- Denken Sie an etwas was Sie regelmäßig tun und bei dem das, was Sie dafür benötigen, für Sie unbegrenzt oder nahezu unbegrenzt verfügbar ist. Vielleicht ist es der Genuss von Süßigkeiten, von Getränken wie Kaffee, Wein oder Bier, das Anschauen von Folgen einer bestimmten Fernsehserie oder das Anhören von Musik Ihres bevorzugten Musikstils. Wählen Sie dann eines davon aus.

- Am ersten Tag können Sie das Ausgewählte wie gewohnt genießen. Gönnen Sie sich beispielsweise die morgendliche Tasse Kaffee. Verzichten Sie dann während der folgenden sieben Tage vollständig auf die Tasse Kaffee am Morgen. Anschließend erlauben Sie sich den Genuss wieder. Spüren Sie in sich hinein, was Sie bei dem Genuss fühlen. Nehmen Sie beispielsweise das Aroma des frisch gebrühten Kaffees intensiver wahr? In welcher Stimmung sind Sie?

- Die Übung hilft Ihnen dabei, etwas wertzuschätzen, was vermeintlich zum täglichen Leben ganz selbstverständlich dazu gehört. In Wirklichkeit ist jedoch so gut wie nichts selbstverständlich. Wenn etwas als nicht selbstverständlich wahrgenommen wird, wird es (wieder) wertgeschätzt. Die Fähigkeit, gerade die kleinen Dinge und Annehmlichkeiten im Leben zu genießen, ist auch ein Schlüssel für Glücksempfinden.

- Sie können diese Übung beliebig oft wiederholen, wobei Sie jedes Mal auf etwas anderes verzichten.

WEG-WEISENDES

Dankbarkeit befähigt uns dazu, die Regie über unser Gefühlsleben zu übernehmen.

Das bewusste Kultivieren einer Einstellung der Dankbarkeit baut eine Art psychologisches Immunsystem auf, das uns polstern kann, wenn wir fallen.

Robert A. Emmons

Wir brauchen im Leben
Menschen,
die uns erden,
und Menschen,
die uns Flügel wachsen lassen.

Ernst Ferstl

Individuelle Methoden in Rituale einbinden

Kultiviere die
GEWOHNHEIT, dankbar
FÜR ALLES GUTE
zu sein, das du empfängst,
und drücke deine
Dankbarkeit
immer wieder aus.

Ralph Waldo Emerson

Dankbarkeit zur Gewohnheit machen

In meiner frühen Kindheit brachte mich meine Mutter abends zu Bett. Meistens sangen wir gemeinsam das von Paul Gerhardt gedichtete alte Lied „Breit aus die Flügel beide“ und sprachen ein Gebet. Damit klang der Tag für mich aus und ich schlief bald danach ein. Dieses Abendritual hatte etwas Beruhigendes für mich. Es gehörte zu meinem noch jungen Leben einfach dazu. Es war etwas Normales.

FÜR KINDER BEDEUTET EIN RITUAL
EINEN IMMER WIEDERKEHRENDEN ABLAUF
MIT HOHEM SYMBOLGEHALT.

ES VERMITTELT ORIENTIERUNG UND BESTÄNDIGKEIT
IM FAMILIENLEBEN UND DARÜBER HINAUS AUCH
SICHERHEIT UND GEBORGENHEIT.

DIE ERINNERUNG AN RITUALE IN DER KINDHEIT
BLEIBT AUFGRUND DES SYMBOLGEHALTS
LEBENSLANG VON BEDEUTUNG.

Auch bei mir ist dies so. Viele Jahre sind vergangen, und in meinem Leben ist viel passiert, aber ich weiß noch, was meine Mutter und ich damals gesungen haben. Und ich weiß auch noch, wie ich mich dabei gefühlt habe.

Auch als Erwachsene können wir für uns Rituale im Sinne einer nach vorgegebenen Regeln ablaufenden Handlung gestalten. Rituale finden sich durchaus in vielen Bereichen unseres Lebens. Besonders verbreitet sind sie im Sport. Ein Beispiel unter vielen: Fußballspieler bilden vor einem Spiel einen Kreis, um zu demonstrieren, dass sie eine Einheit bilden, und um einander im gemeinsamen Siegeswillen zu bestätigen.

Rituale zeigen ihre Wirkung. Wäre dies nicht der Fall, wären sie mit dem Etikett „Kinderkram" oder ähnlichem versehen und schon längst wieder aufgegeben worden. Doch der Zeitaufwand wird als gerechtfertigt angesehen und der Gedanke daran, sich möglicherweise in der Öffentlichkeit sogar lächerlich zu machen, wird weggewischt.

AUCH IM PERSÖNLICHEN BEREICH KANN ES SEHR HILFREICH SEIN, EIN INDIVIDUELLES RITUAL NUR FÜR SICH ALLEINE ZU GESTALTEN.

ES GIBT EINEM BESTIMMTEN – VON UNS GEWÄHLTEN – ASPEKT DES LEBENS EINE STRUKTUR UND UNTERSTREICHT, DASS WIR

UNS NACHHALTIG ÜBER LÄNGERE ZEIT HINWEG
UM DIESEN ASPEKT KÜMMERN WOLLEN.

DAS EINÜBEN VON DANKBARKEIT EIGNET SICH
SEHR GUT ZUM UMSETZEN IN EIN RITUAL.

BEIM ABENDLICHEN RÜCKBLICK AUF DEN
ZU ENDE GEHENDEN TAG KANN DIE ÜBENDE
PERSON ALL DAS IN DAS DANKBARKEITS-
TAGEBUCH EINTRAGEN, WOFÜR SIE AN
DIESEM TAG ANLASS ZU DANKEN HAT.

Wie viel und detailliert sie oder er schreibt, bleibt jedem Menschen selbst überlassen. Wer nicht viel Zeit hat oder einfach nur müde und vom Tag geschafft ist, könnte sich auf die drei der eindrücklichsten Erlebnisse beschränken und diese stichwortartig notieren.

Ob jeden Tag etwas in das Dankbarkeitstagebuch eingetragen wird, ist eine individuelle Entscheidung. Vielleicht wird, dem Prinzip „Qualität geht vor Quantität" folgend, nur einmal pro Woche etwas eingetragen. Manchmal kann weniger mehr sein. Insofern mag es sich anbieten, unterschiedliche Abendrituale für unterschiedliche Tage zu gestalten.

WENN MORGENS GENÜGEND ZEIT IST,
KÖNNTE MAN SICH DREI PUNKTE ÜBERLEGEN,
FÜR DIE MAN SCHON AN DIESEM MORGEN
DANKBAR SEIN KONNTE.

Vielleicht ist es der Dank dafür, am Leben zu sein, für den guten Schlaf, den frisch gebrühten Kaffee mit seinem Aroma oder für die Arbeitsstelle. Jeder der drei Punkte lässt sich jeweils auf einen Haftnotizzettel schreiben und an einer gut sichtbaren Stelle befestigen.

Falls die Person tagsüber zu Hause ist, werden ihr die Haftnotizen immer wieder in den Blick geraten und auf diese Weise wiederholt an all das Dankenswürdige erinnern. Wenn sie außer Haus tätig ist, fallen ihr die Zettel bei der Rückkehr nach Hause ins Auge.

DAS ABNEHMEN UND EINSAMMELN DER HAFTNOTIZEN LÄSST SICH GUT IN DAS ABENDRITUAL EINBEZIEHEN. DIE HAFTNOTIZEN KÖNNEN DANN IN DEN PAPIERKORB WANDERN, DENN AM NÄCHSTEN TAG WERDEN WIEDER NEUE BESCHRIEBEN.

Wer gläubig ist, kann sehr gut ein Gebet mit dem Ritual verbinden. Es kann das Lieblingsgebet sein oder aus der Fülle von vorformulierten Morgen- und Abendgebeten ausgewählt werden – je nachdem, was zur persönlichen Situation passt und dem eigenen Fühlen und Denken Ausdruck verleiht.

Wenn kein vorgefundenes Gebet passt, lässt sich auch ein persönliches Gebet formulieren. Auf die Länge oder auf perfekte Sätze kommt es nicht an, wichtig ist nur, was das Herz sagt.

UND WENN DAS HERZ NUR EINEN SATZ SAGT,
BEISPIELSWEISE „DANKE FÜR DAS GUTE
UND SCHÖNE AN DIESEM TAG",
DANN IST DAS AUCH IN ORDNUNG.

Jedes Ritual ist individuell. Es muss passen und stimmig sein. Und das Ritual darf nicht zur Pflicht werden. Sie oder er darf sich nicht dazu zwingen und sich Dankenswürdiges gewissermaßen „aus der Nase ziehen", ohne wirklich Dankbarkeit zu verspüren. Das Ritual würde dann schnell zur unangenehmen Pflicht. Diese wäre wirkungslos und ohne inneren Gewinn.

EIN RITUAL WIRD NUR DANN ALS BEREICHERND
EMPFUNDEN, WENN ES MIT INNERER
BEGEISTERUNG GELEBT WIRD.

OBWOHL DER BEGRIFF „RITUAL" GLEICH-
FÖRMIGKEIT SUGGERIERT, IST ES STETS AUCH
EIN NEUES HINEINHÖREN IN SICH SELBST.

ES GIBT IMMER WIEDER EINMALIGES UND
NEUES BEI SICH SELBST ZU ENTDECKEN.

Es mag durchaus vorkommen, dass einfach am Tag kein Freiraum bleibt, das individuelle Ritual zu integrieren. Oder ein Ereignis, Erlebnis oder eine Situation ist derart belastend, dass alles andere zurücktreten muss. Dann gilt es, nachsichtig mit sich selbst zu sein. Ein Leistungsdenken – „Ich muss das unbedingt noch schaffen!" – liefe dem Sinn eines Rituals zuwider. Wir können wieder in das Ritual einsteigen, wenn es persönlich passt.

Es lohnt sich, sowohl morgens als auch abends bewusst etwas Zeit für sich selbst einzuplanen. Der Rahmen dafür ist aber ganz individuell. Als Bereicherung für das eigene Leben wird diese Gestaltung dann erlebt, wenn ausreichend Zeit und Ruhe für ein Ritual zur Verfügung stehen. Abends kann ich besser in den Schlaf finden und morgens optimistischer in den Tag gehen.

Denke immer daran,
dass es nur eine wichtige Zeit gibt:
Heute. Hier. Jetzt.

Leo Tolstoi

REFLEXION

- Wie wichtig ist Ihnen Nachhaltigkeit im Hinblick auf das Einüben von Dankbarkeit?
- Wie spricht Sie der Gedanke an, für sich ein oder mehrere Rituale zu gestalten?
- Was empfinden Sie bei diesem Gedanken?
- Wie viel Zeit würden Sie sich morgens und/oder abends für Rituale einplanen wollen?
- Was würde aus Ihrer Sicht gegen Rituale sprechen?

ÜBUNG

- **Gestaltung des individuellen Morgenrituals**

Gestalten Sie zunächst in Gedanken ein für Sie passendes und stimmiges Morgenritual, in dem der Aspekt der Dankbarkeit eine hervorgehobene Rolle spielt. Was soll es enthalten?

Schreiben Sie den Entwurf Ihres Morgenrituals in Stichpunkten auf.

- **Gestaltung des individuellen Abendrituals**

Gestalten Sie nun in Gedanken sinnentsprechend ein für Sie passendes und stimmiges Abendritual.

Schreiben Sie auch den Entwurf Ihres Abendrituals in Stichpunkten auf.

WEG-WEISENDES

Nicht das Glücklichsein
führt zur Dankbarkeit,
sondern das Dankbarsein
zum Glücklichsein.

David Steindl-Rast

Ein Mensch sieht,
was vor Augen ist;
Gott aber sieht das Herz an.

1 Samuel 16, 7

Den Tag begrüßen und verabschieden

Mein Leben

beginnt

JEDEN TAG neu und

ENDET

JEDEN ABEND.

Edith Stein

Das Leben als Wanderung – ein Gedankenexperiment

Lassen wir uns auf ein Gedankenexperiment ein? Ja? Dann stellen wir uns unser Leben in unserer Phantasie als eine Wanderung vor. Jeden Tag wandern wir von einem Ort zum anderen. Und jeden Tag übernachten wir woanders. Wir kommen niemals an einen Ort zurück. Es geht immer nur vorwärts. Manchmal würden wir gerne an einem Ort länger bleiben, denn es ist dort wunderschön, aber es ist nicht möglich. Wir müssen weiter. Andererseits gibt es aber auch Orte, die wir möglichst schnell hinter uns lassen wollen. Wir würden gerne einen Zeitsprung machen, doch auch das ist nicht möglich.

WENN JEDER TAG NUR EIN EINZIGES MAL
ERLEBT WIRD UND NICHT WIEDERHOLBAR IST –
WIRD ER DANN NICHT ZU
ETWAS BESONDEREM?

WIRD ER NICHT GEWISSERMASSEN
ZU EINEM LEBEN IM LEBEN?

Jeden Tag sind wir unterwegs. Wir sind gut beraten, möglichst wenig auf unseren Weg mitzunehmen. Je schwerer der gedachte Rucksack ist, desto mehr haben wir zu tragen und desto schwerer fällt uns die an diesem Tag zu bewältigende Wanderstrecke. Doch die zehn Haselnüsse, die wir in eine unserer Taschen stecken, fallen nicht ins Gewicht. Und wir packen auch einen Stapel Haftnotizen ein.

Morgens machen wir uns bereit für den Weg, der bis zum Abend zur nächsten Unterkunft führen wird. Den routinemäßigen Ablauf kennen wir schon: Aufstehen, Morgentoilette, Frühstücken, Wettervorhersage anschauen, Rucksack packen, prüfen, ob nichts vergessen wurde … Dann kann es losgehen. Doch halt! Können wir nicht etwas ergänzen?

WIR KÖNNTEN BEWUSST FÜR DAS GUTE WÄHREND DER NACHT UND AUCH DAS, WAS GERADE JETZT IN DEN SINN KOMMT, DANKEN:

FÜR DAS DACH ÜBER DEM KOPF, DEN GUTEN SCHLAF, DAS WARME BETT, DASS WIR AM LEBEN SIND, DASS WIR ETWAS ZU ESSEN HABEN UND SO VIELES MEHR.

DREI DER PUNKTE, FÜR DIE WIR DANKBAR SIND, NOTIEREN WIR ALS STICHWORTE AUF HAFTNOTIZEN. VIELLEICHT SPRECHEN WIR AUCH EIN DANKGEBET.

DAMIT ERGÄNZEN WIR UNSER ÜBLICHES MORGENRITUAL UND BEZIEHEN EIN DANKBARKEITSRITUAL MIT EIN.

Mit unserem Dankbarkeitsritual stimmen wir uns auch positiv auf den Tag ein. Der Tag hat schon gut begonnen – und so gehen wir auf unsere Wanderstrecke, was auch immer dieser Tag uns bringen mag.

Haben wir an die zehn Haselnüsse gedacht? Bevor wir losziehen, stecken wir sie alle in eine Tasche.

Vielleicht ist es ein wunderschöner Tag. Wir nehmen mit allen Sinnen wahr: den schönen Ausblick auf die sonnenbeschienenen Hügel und Berge, das Geräusch der umherfliegenden Insekten, die Farben und Gerüche der Pflanzen am Wegrand, den warmen Wind, der so angenehm über die Haut streicht – und vieles mehr. Hin und wieder begegnen wir anderen wandernden Menschen. Wir erwidern ihren Gruß und kommen vielleicht auch in ein Gespräch.

Aber vielleicht ist es überhaupt kein schöner Tag. Es regnet mal mehr, mal weniger stark, und wir bekommen von der Landschaft nur wenig zu sehen. Der unangenehme Wind pfeift uns um die Ohren. Die Gipfel sind in Wolken gehüllt. Wir tragen einen Regenumhang, der eigentlich nur hinderlich ist. Vielleicht fröstelt uns auch. Bei dem schlechten Wetter ist so gut wie niemand unterwegs. Wir müssen einfach nur vorwärtskommen.

WIE AUCH IMMER DER TAG VERLÄUFT, OB ES STEIL BERGAUF UND BERGAB GEHT UND WIR SEHR INS SCHWITZEN KOMMEN ODER WIR KRÄFTESPAREND IM FLACHEN LAND UNTERWEGS SIND – IMMER GIBT ES UNTERWEGS ETWAS SCHÖNES ZU ENTDECKEN, WENN WIR ACHTSAM UNTERWEGS SIND, UND SEI ES AUCH NOCH SO UNSPEKTAKULÄR.

JEDES MAL, WENN UNS ETWAS SCHÖNES BEGEGNET, WANDERT EINE HASELNUSS IN DIE ANDERE TASCHE.

Es wäre viel zu anstrengend, ohne Unterbrechung unterwegs zu sein. Deshalb brauchen wir immer wieder Pausen – Pausen, die auch wirklich Pausen sind. Pausen geben uns eine Zeit der Erholung und Regeneration.

Schließlich kommen wir an. Das nächste Ziel – in Wirklichkeit ist es doch nur ein Zwischenziel auf unserer Wanderung - ist erreicht. Wenn wir in unserer Unterkunft angekommen sind, beginnen wieder routinemäßige Abläufe. Wir richten uns in unserem Zimmer für die Nacht ein, dann kommt das Abendessen, dann die Abendtoilette, und dann gehen wir zu Bett. Oder doch nicht?

Sehr wahrscheinlich lassen wir die Ereignisse und Erlebnisse des Tages – was wir wahrgenommen und erlebt haben – vor unserem geistigen Auge vorüberziehen.

VIELLEICHT GEHEN WIR NOCHMALS NACH DRAUSSEN, BLICKEN AUF DEN ABEND- ODER NACHTHIMMEL UND GENIESSEN DIE STILLE. UNSERE AN DIESEM TAG ZURÜCKGELEGTE WEGSTRECKE WAR ETWAS EINMALIGES, NICHT WIEDERHOLBARES.

VIELLEICHT WAR DER WEG SEHR BESCHWERLICH, UND WIR SIND KRÄFTEMÄSSIG AN UNSERE GRENZEN GEKOMMEN. VIELLEICHT WAR ES AUCH EIN WUNDERSCHÖNER TAG, UND WIR BEDAUERN, DASS ER SCHON ZU ENDE GEHT.

Wir zählen die Haselnüsse, die während des Tages in die andere Tasche gewandert sind. Können wir uns noch daran erinnern, wofür diese Dankbarkeits-Haselnüsse stehen?

UM DEN TAG GUT ZU BESCHLIESSEN, NEHMEN WIR UNS ZEIT, UM FÜR DAS SCHÖNE AN DIESEM TAG UND FÜR DIE MENSCHEN, DIE UNS GUTES GETAN HABEN, ZU DANKEN.

Wir holen auch die am Morgen beschrieben Haftnotizen hervor. Wenn wir wollen, können wir auch ein Dankgebet sprechen. Vielleicht wollen wir das Dankenswürdige in unserem Dankbarkeitstagebuch festhalten. Es mag aber auch sein, dass wir einfach zu erschöpft sind und nur noch schlafen wollen.

Dann können wir das an einem der nächsten Tage nachholen.

Und dann kommt die Nacht mit einem hoffentlich erholsamen Schlaf. Am nächsten Morgen wird es wieder weitergehen.

DIESES GEDANKENEXPERIMENT
GIBT UNS EINEN HINWEIS, WIE WIR MIT
RELATIV GERINGEM AUFWAND
DANKBARKEIT EINÜBEN KÖNNEN.

MIT DER ZEIT ENTWICKELT SICH DANKBARKEIT
ALS CHARAKTERZUG. WIR SIND NICHT
MEHR NUR FÜR EINZELNE DINGE DANKBAR,
SONDERN WIR SIND DANKERFÜLLT.

Unser Leben lässt sich sehr gut mit einer Wanderung vergleichen. Im Flachland sind wir kräftesparend unterwegs, aber der Weg führt uns auch über Berge und durch Täler. Wenn wir in allem dankbar sein können, geht es leichter voran, und wir können das Gute und Schöne viel intensiver genießen.

JEDER TAG DES LEBENS WIRD ZU
EINER KOSTBARKEIT, WENN WIR
IHN BEWUSST (ER)LEBEN.

WIR BEGRÜSSEN IHN UND
VERABSCHIEDEN UNS AUCH WIEDER
VON IHM.

Es wäre jammerschade, den einen Tag wie den anderen zu betrachten. Jeder Tag ist so kostbar, dass er es verdient, als etwas Besonderes, etwas Einzigartiges behandelt zu werden. Dann beginnt das Leben in der Tat jeden Tag neu und endet dann auch jeden Abend.

REFLEXION

- Wie wirkt das Gedankenexperiment, das Leben sinnbildlich als Wanderung zu betrachten, auf Sie?
- Wie achtsam sind Sie auf Ihrer Lebenswanderung unterwegs?
- Wie sehen Ihre Pausen aus?
- Wie viel Zeit gönnen Sie sich normalerweise zum Rückblick auf Ihren „Wandertag"?
- Was löst der Gedanke in Ihnen aus, dass kein Tag wiederholbar ist?

ÜBUNG

- Nehmen Sie sich eine Woche lang täglich etwa 15 Minuten Zeit für einen achtsamen Spaziergang. Idealerweise führt Sie der Spaziergang ins Grüne, vielleicht in einen Park oder in den nahegelegenen Wald. Sie sollten jeden Tag eine etwas andere Route wählen und nur bei sehr schlechtem Wetter auf den Spaziergang verzichten.

- Versuchen Sie während des Gehens so viele positive und schöne Dinge wie nur möglich mit allen Sinnen wahrzunehmen. Vielleicht erregt das Spiel der Blätter im Wind Ihre Aufmerksamkeit, vielleicht das in einer Pfütze widergespiegelte Sonnenlicht oder der Geruch einer gerade blühenden Pflanze. Was immer es ist, nehmen Sie sich Zeit, Sinneseindrücke bewusst wahrzunehmen. Versuchen Sie zu ergründen, weshalb Sie das gerade Wahrgenommene so fasziniert.

- Die Übung hilft Ihnen dabei, Anblicken, Geräuschen und Gerüchen, die in der gewohnten Umgebung leicht übergangen und übersehen werden, mehr und bewusstere Aufmerksamkeit zu schenken – denn sie bergen Schönheit und Einzigartigkeit in sich.

WEG-WEISENDES

Dankbarkeit zu empfinden
und sie nicht zu zeigen,
ist wie ein Geschenk einzupacken
und es niemandem zu geben.

William Arthur Ward

NIMM DIR ZEIT
ZUM LACHEN,
ES IST DIE MUSIK
DES GEFÜHLS.

Irische Lebensweisheit

WER DANKT,
WEISS SICH BESCHENKT –
WER BESCHENKT WIRD,
WEISS SICH GELIEBT –
WER SICH GELIEBT WEISS,
WIE SOLLTE ER NICHT
GLÜCKLICH SEIN.

Ida Friederike Görres

Morgengebet

Herr, du hilfst mir, wenn ich rufe.
Du enttäuschst niemanden, der dir vertraut.
In deine Hände lege ich mein Leben.
Bei dir bin ich mit all meinen Ängsten aufgehoben.
Schütze meine Schritte und halte mich fest,
damit ich nicht stürze.

Lehre mich verstehen, was gut für mich ist.
Erfülle mich mit Freude über deine Gegenwart.
In Sicherheit darf ich mich wiegen,
denn deine Liebe ist verlässlich. Amen.

Alfons Höfer

Abendgebet

Gnädiger Gott,
diesen Tag habe ich heute Morgen
aus deiner Hand empfangen,
in deine Hand lege ich ihn dankbar zurück.

Du hast mich heute auf meinem Weg begleitet
und mich behütet.
Was mir gelungen ist, dafür danke ich dir.
Ich bitte dich, vergib, was ich schuldig geblieben bin:
an meinen Mitmenschen, an der Umwelt,
an mir selbst und an dir.

Hilf mir zu verzeihen, wo andere mir Unrecht getan haben.
Sei bei allen Menschen, die mir lieb und wichtig sind,
bei denen, die dich im Moment besonders brauchen.
Es segne und behüte mich der allmächtige Gott,
der Vater, der Sohn und der Heilige Geist. Amen.

Dieter Jenz

Bitte um Segen für den Weg

Segne, Herr, meinen Weg,
den zurückgelegten und den, der noch vor mir liegt.
Segne jene, die mich begleitet haben
und die es noch tun werden.

Segne meine Pausen, meine Umwege und Irrwege.
Segne immer wieder meine Aufbrüche und Fortschritte.
Und wenn ich das Ziel erreiche, segne mein Ankommen.
Segne, Herr, meinen Weg, den zurückgelegten
und den, der noch vor mir liegt.

Irischer Segen

Was mir wichtig ist

Bibliografische Information der Deutschen Nationalbibliothek

Die Deutsche Nationalbibliothek verzeichnet diese Publikation in der Deutschen Nationalbibliografie; detaillierte bibliografische Daten sind im Internet über http://dnb.d-nb.de abrufbar.

Das Gesamtprogramm von Butzon & Bercker finden Sie im Internet unter www.bube.de

ISBN 978-3-7666-3598-3

Umschlagmotiv: © natality – stock.adobe.com
Umschlaggestaltung: Tanja Manden, Kevelaer
Layout und Satz: Helmut Schaffer, Hofheim a. Ts.

Quellennachweise

Texte:

S. 20: aus: Quelle: Bibliothek David Steindl-Rast OSB https://www.bibliothek-david-steindl-rast.ch/bibliothek/videos/youtube/1052-ein-tag-voll-dankbarkeit-mit-br-david

Zitat der deutschen Mitschrift des Videos entnommen https://www.bibliothek-david-steindl-rast.ch/images/03_archiv/video/2017/ein_tag_voller_dankbarkeit.pdf

S. 29, 88: aus: Elisabeth Lukas, Die Kraft des Vertrauens, © 2023 Butzon & Bercker GmbH, 47623 Kevelaer, Deutschland, www.bube.de

S. 52: aus: Petra Stadtfeld, Kraftquelle Beten, © 2022 Butzon & Bercker GmbH, 47623 Kevelaer, Deutschland, www.bube.de

S. 101: © beim Autor

S. 113 aus: Quelle: Die Achtsamkeit des Herzens (2021); https://www.bibliothek-david-steindl-rast.ch/bibliothek/buecher-cd-dvd-im-handel/buecher-von-david-steindl-rast/2066-die-achtsamkeit-des-herzens

S. 126: aus: Alfons Höfer, Halte mich in deiner Hand, © 2005, Butzon & Bercker GmbH, Hoogeweg 100, 47623 Kevelaer, www.bube.de

Alle Bibeltexte aus: Hoffnung für alle®, Copyright © 1983, 1996, 2002, 2015 by Biblica, Inc.®. Verwendet mit freundlicher Genehmigung des Herausgebers Fontis.

Grafiken:

© natality – stock.adobe.com; © Liubov – stock.adobe.com